Eine kulinarische
Entdeckungsreise

durch Mecklenburg-Vorpommern

Hanne Bahra · Erhard Pansegrau

Eine kulinarische
Entdeckungsreise

durch Mecklenburg-Vorpommern

UMSCHAU:

INHALT

Eine kulinarische Entdeckungsreise nach Mecklenburg-Vorpommern?

Feinschmecker zwischen München und Berlin schütteln zweifelnd den Kopf. Auch wenn bereits zwei Michelinsterne am Küchenhimmel über dem Land der Tüften und Zander leuchten, rote Kochmützen und gekreuzte Bestecke die jeweiligen Spalten bekannter Gourmetführer zieren – noch hat es sich nicht weit genug herumgesprochen: Die Küche hier oben im Norden ist viel besser als ihr Ruf. Seit über 200 Jahren ist Mecklenburg-Vorpommern beliebtes Reiseland. Weite Strände, Wind und Wellen locken. Wer einmal hier war, kommt wieder. Erst recht, wenn er eines der zu kleinen Gourmettempel wieder erweckten Junkerschlösschen entdeckt oder sich im Schatten der Linden eines restaurierten Gutshofes an deftiger Landhausküche gelabt hat. In kaum einem anderen Bundesland kann man in so vielen Schlössern und Herrenhäuser schlemmen wie in Mecklenburg-Vorpommern. Doch ob Schlossrestaurant oder reetgedeckte Fischerstube – kaum eine gastliche Stätte, deren Küche sich nicht von der kulinarischen Historie des Landes inspirieren lässt. Mal virtuos weltläufig verfeinert, mal regional rustikal. Wie immer gilt: gewusst wo. Wir haben auf unserer Reise etliche der besten Köche des Landes besucht und schnupperten in Räucherhütten den Duft frisch gefangener Fische. Wir blieben dort lange sitzen, wo uns Authentizität und die Frische der verwendeten Produkte überzeugten. Wir aßen Kloppschinken, Tollatschen, Tüften und Plumm. Die mecklenburg-vorpommersche Küche hat ihre eigene Sprache. Doch auch wer kein Plattdeutsch versteht, ahnt hinter diesen Worten deftige Speisen. Nicht spitzfindiger Genuss, sondern solide Ernährung war einst das Ziel der

Küche im rauen nordddeutschen Klima. Tüften, Kartüffel, wie immer der Name des Erdapfels sich auch wandelte – gekocht, gestampft oder knusprig gebraten, hat man hier die mehlige Kartoffel von herber Süße noch immer „zum Fressen" gern. Der Hang zum Süßen, oft in verdauungsfördernder Ambivalenz zum Sauren, stammt noch aus der Zeit, da Teile des Landes schwedische Kolonien waren. Ein Löffelchen Zucker an viele Speisen, Backpflaumen zu Gänse- und Rippenbraten, Rosinen im Grünkohl oder Pudding aus Schwarzbrot sind typische Eigenarten der hiesigen Küche.
Dem Agrarland mangelt es nicht an Gemüse, Fisch, Wild und Vieh. Viele Äcker werden nach Prinzipien des ökologischen Landbaus bestellt. Auch Milch und Honig vom Ökobauernhof fließen in die Töpfe der Köche. Und so mancher Küchenchef pflegt hinterm Haus seinen eigenen Küchengarten.

Hauptheld der kulinarischen Inszenierungen im Land am Meer aber ist der Fisch. Im Frühjahr zieht der Hering in Scharen vom Kattegatt vor die Küste von Rügen. Einst Ernährer der Armen wird er heute nicht nur als Brathering sondern auch mit einer Kaviar-Curcumafüllung serviert. Inzwischen haben viele Gerichte der einfachen ländlichen Küche Karriere zum Feinschmeckermenü gemacht.
Wohlan, es gibt viel zu entdecken in Mecklenburg-Vorpommerns Töpfen und Pfannen.

HANNE BAHRA
ERHARD PANSEGRAU

„Gut speisen kann man in Mecklenburg-Vorpommern gewiss – sich satt sehen niemals. Unendlich weit reicht der Blick über das große Wasser im Norden, das stets mit den Stimmungen des Himmels seine Farben ändert. Fischerboote ziehen, begleitet vom Möwenschwarm, hinaus auf das Meer; einsame Wanderer waten über das helle Sandband direkt am glitzernden Brandungsstreifen. Die 420 000 Quadratkilometer große Ostsee ist das kleinste der Weltenmeere, ein Nebenmeer des Atlantiks, im Vergleich dazu fast eine Pfütze. Und doch ist sie das Größte, was dieser Teil Deutschlands zu bieten hat. Mal stürmt sie wild, mal schwappt sie nur sanft an die 354 Kilometer lange Küste, die so wunderbar vielgestaltig ist. Weite, sacht ins Meer gleitende Ufer, wechseln mit schroffen Steilwänden ab. Die meisten Strände sind weiß und breit und aus feinstem Zuckersand, an anderen liegt Stein an Stein, vom Wasser gerundet, vielfarbig glänzend im Nass oder heiß und matt in der Sonne dösend. Ganz wie die Gäste in diesem Land. „Strandlöpers", früher, als Synonym eines Osteeurlaubers überhaupt auch einfach nur „Berliner" genannt.

Mecklenburg-Vorpommern ist Urlaubsland. Die Gäste kommen in Scharen. Das hat Tradition seitdem der mecklenburgische Herzog 1793 auf Anraten seines Leibarztes Gottlieb Samuel Vogel zum ersten Mal in Heiligendamm baden ging. Dieser erste Schritt in das eiskalte Wasser eröffnete an der deutschen Ostseeküste die Badesaison. Zehn Jahre später zog ein Pferd den ersten Badewagen in die Boltenhagener Bucht. Hier war es die gräfliche Familie Bothmer, die ein

kleines Fischerdorf aus der Einsamkeit des Seewindes zum Ruhm als zweitältestes Seebad Mecklenburgs erweckte. Bald folgte auch der Ruganer Fürst zu Putbus dem wachsenden Drang ins Meer und baute, inspiriert von Heiligendamm, seine eigene weiße Stadt: Putbus, das erste Seebad von Rügen. Doch bekam dieser strandferne Ort im Hinterland bald Konkurrenz an der Küste. Warnemünde wurde „Rostocks Piräus". Die Diva unter den Seebädern Vorpommerns ist noch heute das einstige Fischernest Heringsdorf. Gründerzeit an der

Ostseeküste – damals wie heute. Wie Pilze schossen Hotels und Pensionen aus dem weißen Sand. Jeder baute nach seiner Fasson. Veranden, Erker, Türmchen und Säulen an der Fassade zeugen davon. Der fröhliche Architekturzirkus aus Stilelementen von Gotik bis Klassizismus, gepaart mit Schweizer Alpenstil, drohte in den DDR-Jahren zu verkommen. Inzwischen sind die alten Seebäder zwischen Travemünde und Swinemünde phönixgleich ihrer Asche entstiegen. Nirgendwo in Deutschland kann man in so vielen neuen oder aufwändig sanierten Hotels und Pensionen (über 2 000) logieren, wahlweise mit Blick auf das Meer. Inzwischen ist Mecklenburg-

Seite 8/9: Insel Rügen, Lietzow, Schloss Lietzow
Seite 10 o.l.: Brücke Greifswald Wiek
Seite 10 u.l.: Rügen, Middelhagen
Seite 11 o.r.: Bauernhof in der Mecklenburgischen Schweiz
Seite 11 u.r.: Marktplatz Wismar

Vorpommern, nach Bayern deutschlandweit das begehrteste Reiseziel. Hier findet der Reisende quirliges Badeleben, aber auch ländliche Abgeschiedenheit. Erlebnisbad und Einsamkeit liegen dicht beieinander. Das 23 170 Quadratkilometer große Land hat Platz für 2 013 Seen, die größer als ein Hektar sind. Allein 25 Prozent der gesamten Seenfläche Deutschlands liegt in Mecklenburg-Vorpommern. Ein Dorado für Segler, Paddler und Liebhaber von Hausbootferien. Gleich hinter dem Meer liegen die seichten Buchten der Boddengewässer. Im Herbst Rastplatz für etwa 60 000 Kraniche, die sich auf den umliegenden Feldern Fett für die lange Reise gen Süden

anfressen. Ebenso wie die 1 358 Kilometer lange Boddenküste, Nist- und Rastplatz seltener Vögel, sind viele Landstriche von Pramort an der Nordspitze der Halbinsel Fischland-Darß-Zingst bis zum Feldberger Seengebiet Naturparadiese, die geschützt werden müssen. Drei Nationalparks, sechs Naturparks und zwei Biosphärenreservate gibt es heute in Mecklenburg-Vorpommern. 17 Prozent der Landesfläche steht unter Naturschutz. Doch die schönen Chausseen des Landes, endlose grüne Tunnel, führen nicht nur in Feld und Flur, sondern auch in stille Dörfer, verträumte Kleinstädte und in Orte, deren steinerne Gesichter noch immer von der glanzvollen Zeit der Hanse zeugen. Norddeutsche Backsteingotik hinterließ auf dem Lande Gotteshäuser von herzhafter Derbheit und in den Städten festungsgleiche Dome. Da der Backstein, den man hier anstelle des mangelnden Hausteins erfand, nicht die zierliche Vielgestalt des Natursteins zuließ, schmückte man durch gegliederte Flächigkeit und mit glasierten Formsteinen vorwiegend die Giebelwände. Vor allem in den alten Hansestädten Wismar, Rostock und Stralsund wetterleuchtet noch heute in backsteinroten Kirchen, Klöstern und Patrizierhäusern hanseatischer Bürgerstolz. Rund 25 000 registrierte Baudenkmäler, darunter allein über 1 000 Dorf- und Stadtkirchen sowie 1 200 Schlösser und Herrenhäuser, in denen im Sommer Musikfestivals zum Konzert aufspielen, können eine Urlaubsreise in den ostdeutschen Norden durchaus zum Kulturtrip machen.

SCHRÖTER'S

Bonjour Schwerin. Kaum hatte Erik Schröter sein Bistro und Restaurant am Pfaffenteich im Herzen der heutigen Landeshauptstadt eröffnet, krönten ihn die Kritiker des Gault Millau mit einer roten Kochmütze. Ohnehin galt der junge Meisterkoch der Fachpresse längst als Topkoch. Derart in den Gourmethimmel gehoben, hat Erik Schröter aber nie die Bodenhaftung verloren. Seine Küche orientiert sich mit modernen Mitteln an der kulinarischen Historie dieser alten Residenzstadt, an dessen Hof einst Mecklenburgisches von französischen Köchen zur Finesse gebracht wurde. Diesen bewährten Faden lokaler Gourmandie hat Erik Schröter mit Erfolg wieder aufgenommen. Schon das Portrait von Friedrich Franz II., dem Erbauer des Schweriner Schlosses im Signet seines Edellokals ist also Programm, zu dem sich auch Feinschmecker aus anderen Landesteilen aufmachen. In den beiden roséfarbenen Räumen, mit königsblauem Gestühl auf

historischem Parkett trifft die Schweriner Feinschmeckerszene auf Hamburger Gourmets. Freundliche junge Damen helfen dem Gast flink aus dem Mantel und begleiten ihn zum festlich gedeckten Tisch. Ein Blick in die Karte, und schon bei der gaumenkitzelnden Lektüre der Vorspeisen offenbart sich die köstliche Liaison heimischer und frankophiler Leidenschaften des Meisterkochs. So kann das lukullische Fest mit einer getrüffelten Maronensuppe mit Moosbeeren und Sellerie oder mit einer Aalessenz mit Müritzer Fischfilets und Safran-Ravioli begonnen werden.

Unermüdlich hat Erik Schröter nach heimischen Fischern, Jägern und Sammlern Ausschau gehalten, die seinen hohen Ansprüchen an eine frische Küche gerecht werden können. Das war nicht ganz einfach. Heute liefern die Müritzfischer die Grundlage für das köstliche, auf der Haut gebratene Zanderfilet zu Champagnerlinsen mit Trüffelessig und Entenlebersoße. Auch der Barsch, serviert mit Nage vom schwarzen Rettich und jungem Gemüse, kommt aus Mecklenburgs größtem See. Am schwierigsten war es, wirklich zarte Täubchen für Speisen wie die leicht geräucherte Kassler Taube auf Berglinsen aufzutreiben. Sind die heimischen Vögel zäh, holt sich der leidenschaftliche Küchen-

SCHRÖTER'S

ERIK SCHRÖTER
KÖRNERSTRASSE 21,
19055 SCHWERIN,
TELEFON   0385-5507698
FELEFAX   0385-5507719
WWW.SCHROETERS-RESTAURANT.DE

MONTAG BIS SAMSTAG 11.30–15 UHR
UND 18–24 UHR,
SONNTAG 18–23 UHR

meister sein Geflügel eben von Rungis aus Frankreich. Doch inzwischen hat er auch einen Bauern gefunden, der sich auf das Züchten einer Stock-Ente versteht. Gnadenlos französisch ist das Gericht der butterweichen Nataisen-Ente. Brüderlich vereinen sich auf dem exzellenten Käsebrett mit Rohmilchkäse aus Frankreich und Ziegenkäse aus Mecklenburg wieder die Traditionen beider Länder. Übrigens sollte man erst gar nicht versuchen, die Dessert-karte ignorieren zu wollen, zu verführerisch ist das Angebot süßer Sünden wie die souf-flierte Feigen-Tarte mit Kumquat-Parfait in Baumkuchenmantel. So viel guter Ge-schmack hat natürlich auch einen guten Preis: kein Hauptgericht unter 25 Euro, die Menus liegen zwischen 34,50 und 70 Euro. Die Weinkarte zeigt an die 130 Positionen zumeist deutscher, aber natürlich auch aus-gesuchter französischer, italienischer und einiger Weine aus Übersee. Weder im Bistro, in dem der Wein auch glasweise kredenzt wird, noch im Restaurant fließt ein bacchan-tischer Tropfen, der nicht zuvor auch die Zunge des Hausherren überzeugt hat.

HIRSCHKALBSRÜCKEN MIT SCHWARZBROT, STEINPILZKRUSTE, GLACE MIT TROCKENBEERENAUSLESE-ESSIG, JUNGES GEMÜSE UND KARTOFFELBAUMKUCHEN

Zutaten für 4 Personen:

170 g pro Person Hirschkalbsrücken ausgelöst,
10 g getrocknete Pilze (in kaltem Wasser ein-weichen),
120 g getrocknetes, fein geriebenes Schwarzbrot,
80 g flüssige Butter, etwas Majoran, Salz, Pfeffer aus der Mühle

Für die Soße:

1 kg Wildknochen klein gehackt,
Olivenöl zum Anbraten,
300 g feines Mirepoix, Würfel von Zwiebeln, Karotten, Sellerie, etwas Tomatenmark zum Anrösten,
0,5 l Rotwein nach Geschmack, Wasser, Trockenbeerenauslese-Essig

Kartoffelbaumkuchen:

400 g mehlig kochende geschälte Kartoffeln,
100 g Creme double,
60 g Butter,
5 Eier, Salz und Pfeffer aus der Mühle

Zubereitung:

Portionierte Hirschkalbsrücken in Oliven-öl von allen Seiten anbraten, dann vom Herd nehmen und kurz ruhen lassen. Für die Kruste die kleingeschnittenen Steinpilze kurz in Butter anschwitzen, vom Herd nehmen und die restlichen Zutaten dazugeben. Die Kruste auf den Hirschkalbsrücken verteilen. Zum An-richten Hirschkalbsrücken bei 250 °C zwischen 5-8 Min. ruhen lassen oder bei 80 °C 25 bis 40 Min. garen.

Soße:

Die Wildknochen in einem Brater im Backofen bei 200 °C in Olivenöl kräftig anrösten. Das Gemüse zu den Wild-knochen geben und mit rösten. Tomatenmark anrösten. Alles in einen hohen Topf geben und mit etwas Rotwein ablöschen. Etwa vier Stunden köcheln lassen und immer wieder den Schaum abschöpfen. Den Fond durch ein Tuch passieren, kalt stellen und das Fett abschöpfen. Dann den Fond redu-zieren und mit dem Essig abschmecken.

Kartoffelbaumkuchen:

Kartoffeln durch eine Presse drücken und abkühlen lassen. Die flüssige Butter, Creme double und Eigelb zu-geben und glatt rühren. Eiweiß steif schlagen und vorsichtig unter die Kartoffelmasse heben. Feuerfeste Form mit Backpapier auslegen. Eine dünne Schicht ca. 2 mm hoch einfüllen und bei 250 °C Oberhitze goldbraun backen. Schicht für Schicht backen, bis die Masse verbraucht ist. Zum Anrichten den Baumkuchen in Rauten portionie-ren und mit einer Butterflocke im Ofen warm stellen. Für das Gemüse werden je nach Jahreszeit Kaiserschoten, feine Bohnen, junge Karotten, Spargel, weiße Rübchen oder 400 g Pilze gewaschen, nach Bedarf geschält oder blanchiert und zum Anrichten kurz in Olivenöl sautiert und mit Salz und Pfeffer aus der Mühle abgeschmeckt.

NIEDERLÄNDISCHER HOF

Wer dieses feine Lokal kennt, reserviert sich einen Platz am Fenster. Von hier aus gleitet der Blick über den Pfaffenteich, der zunächst jedem Hamburger den Vergleich mit der Binnenalster entlockt. Schwäne und eine kleine Fähre schwimmen über das Wasser. Am gegenüberliegenden Ufer überragt die Turmspitze des Schweriner Doms das Stadtpanorama. Der Niederländische Hof reiht sich ein in eine der vornehmsten Wohnzeilen der Stadt, die das Ufer des Pfaffenteichs mit klassizistischen schneeweißen Fassaden säumt. Bahnhof, Theater und das berühmte Schweriner Schloss sind nur wenige Minuten entfernt. So sitzt man hier, mitten im Herzen der Stadt und

doch weit entfernt von jeglicher Hektik, bequem auf dunklen Lederbänken oder hochlehnigen Stühlen mit weißen Hussen. Die großen Spiegel im hellen Restaurant vervielfältigen den schönen Blick auf die Stadt. Seidene Bänder dekorieren im Frühjahr die Tische, im Sommer werden sie von den freundlichen jungen Kellnerinnen mit Rosen und im Herbst mit buntem Laub bestreut. Dabei hat alles ein wohlgefälliges Maß. Der nur etwa 30 Plätze umfassende Raum wird ergänzt durch ein kleines „Altdeutsches Zimmer", einem separaten Clubraum mit dunkler Holzvertäfelung, die noch aus den frühen Jahren des Niederländischen Hofes stammt. 1901 gegründet, war es das „erste Hotel am Platze". Mit seinem ungewöhnlichen Namen gedachte man der Vermählung des mecklenburgischen Herzogs Heinrich mit der niederländischen Königin Wilhelmina im selben Jahr. Schließlich war man Hoflieferant. Fast hundert Jahre nach Eröffnung des Hauses setzte sich hier Dirk Eichhoff die Kochmütze auf. Nun kann man im Niederländischen Hof auch wieder fürstlich speisen. Um es vorweg zu nehmen: Wer in Schwerin beste Fischküche probieren möchte, ist hier gut aufgehoben. Drei Jahre lang hat Dirk Eichhoff im „Marinas" in Hamburg unter

NIEDERLÄNDISCHER HOF

AM PFAFFENTEICH
KARL-MARX-STRASSE 12-13
19055 SCHWERIN
TELEFON   0385-555 79 75
TELEFAX   0385-591 10 999

GEÖFFNET:
MONTAG BIS SAMSTAG 12-15 UND
18-23 UHR, SONNTAG 18-22 UHR

Michael Wollenberger, dem Weltmeister der Fischköche von 1994, gearbeitet. Nun beglückt er seine Heimatstadt mit der hohen Schule der maritimen Kochkunst. Dieses Restaurant ist das erste eigenständige Unternehmen des jungen Meisterkochs. Mutig kochte er sogleich kompromisslos feine Küche in einer Kombination von mediterranen und regionalen Speisen, wie getrüffelte Petersiliensuppe mit geräucherter Bachforelle, Filet vom Wolfsbarsch mit Flusskrebsrisotto in eigenem Schaum oder Filet von der heimischen Edelmaräne mit Balsamicolinsen und Safran-Champagner-Schaum. Köstlich ist auch der in Rotwein geschmorte Aal. Heimisches wie Labskaus mit Rügener

Rollmops oder die aufgeschäumte Steckrübensuppe mit geräuchertem Aal und gebackener Petersilie kommt ebenso fein daher wie die schaumige Kürbissuppe mit Garnelen und glasiertem Mango, Carpaccio vom friesischen Ochsen oder die zart geräucherte Taubenbrust. Womit wir bei der kleinen aber auserlesenen Karte der Fleischgerichte sind. Der rosa gebratene Hirschrücken stammt aus mecklenburgischen Wäldern. Besondere Virtuosität entfaltet Dirk Eichhoff auch im süßen Bereich. Hausgemachtes Eis ist seine Stärke, kombiniert zum Beispiel als Thymianeis mit ofenfrischer Zwetschkentarte oder weißem Kaffeebohneneis zu Schokoladenraviolis.

IN ROTWEIN GESCHMORTER AAL MIT GLASIERTEM GEMÜSE UND KARTOFFELN-KRESSE-PÜREE

Für 4 Personen
Zutaten:

1 Aal ca. 700 g, abgezogen und filetiert, 0,2 l trockener, kräftiger Rotwein, 0,2 l roter Portwein, 0,3 l Kalbsjus, 2 Zweige Thymian, 1 EL Honig, Salz, Pfeffer, Öl zum Braten, Gemüse der Saison wie Fingermais, Karotten, Zuckerschoten, Frühlingslauch, Teltower Rübchen, Pfifferlinge, 500 g mehlig kochende Kartoffeln, 1 Bund Brunnenkresse, Petersilie, 5 EL Hühnerbrühe, 50 g Butter, 0,1 l Sahne, Salz, Pfeffer, Muskat

Zubereitung:

Aal: Rotwein und Portwein gemeinsam auf 0,1 l einkochen, dann die Kalbjus hinzufügen und alles auf 0,3 l einkochen. Den Aal in 12 gleich große Stücke schneiden, salzen, pfeffern, mehlieren und von beiden Seiten in Öl anbraten. Das Öl abgießen, heiße Sahne hinzufügen und im Ofen bei ca. 160°C 15 Minuten schmoren.

Gemüse: Das Gemüse einzeln in Salzwasser blanchieren und in Eiswasser abschrecken. Butter mit Olivenöl in einem breiten Topf zerlaufen lassen, etwas Zucker hinzufügen und leicht karamellisieren lassen. Mit 5 EL Hühnerbrühe ablöschen, Gemüse hinzufügen und vorsichtig erhitzen. Zum Schluss mit Salz, Muskat abschmecken und gehackte Petersilie unterheben.

Püree: Die Kresse in Salzwasser blanchieren, anschließend in einer Moulinette pürieren. Kartoffeln kochen, pressen, dann Butter und etwas Sahne unterarbeiten und mit Salz und Pfeffer abschmecken. Das Kressepüree unter die Kartoffelmasse heben und eventuell noch etwas Sahne hinzufügen.

WÖHLER

WÖHLER
HISTORISCHE WEIN-
UND BIERSTUBE

PUSCHKINSTRASSE 26
19055 SCHWERIN
TELEFON   0385-555830
TELEFAX   0385-5558315
WWW.WEINHAUS-WOEHLER.COM

GEÖFFNET:
TÄGLICH 11–1 UHR

Das historische Weinhaus Wöhler am Eingang zur barocken Schelfstadt, einem der schönsten Stadtviertel von Schwerin, ist Paradestück sinnvoller Denkmalpflege. An anderen Orten hätte man den jahrelang leer stehenden Fachwerkbau aus dem 18. Jahrhundert vielleicht längst abgerissen. Doch für die Investoren aus dem Westen war dieser markante Bau, einer der ältesten der einstigen Residenzstadt, eine Herausforderung. 1998 erwarben sie das traditionsreiche Haus und retteten somit ein gutes Stück Schweriner Gastronomiegeschichte. 1895 wurde die an jener Stelle bereits seit 1819 von F.A. Wöhler geführte Weingroßhandlung zu einem Gasthaus mit Weinstube umgebaut. Seitdem war das Weinhaus Wöhler aus dem bürgerlichen geselligen Leben Schwerins nicht mehr wegzudenken. Heute wird im Weinhaus Wöhler wieder mit Wein gehandelt, es gibt einen Weingewölbekeller, historische Weinstuben, eine elegante Bankett-Etage für 120 Gäste, einen Sommergarten, fünf komfortable Hotelzimmer und das bei jungen Leuten beliebte Bistro „Tapas". Die Küche im Weinhaus gibt sich international mit mecklenburgischen Facetten. Letztere bieten herrlich Herzhaftes wie Pommernente, mit Äpfeln und Pflaumen gefüllten Rollbraten oder Ostseedorsch in Senfsoße. Die beiden Küchenchefs Volkmar Kerwarth und Dietmar Fauk beherrschen aber auch die Kochkunst des Südens und asiatisches Fingerfood. Dabei geht es ihnen nicht um Sterne am Gourmethimmel, sondern um

ENTENBRUST

Für 4 Personen

Zutaten:

2 Stück Entenbrust à 500-800 g
mit Knochen

Zubereitung:

Entenbrust entbeinen. Für die Soße
Knochen zerkleinern und mit Karotten
und Sellerie anrösten, mit Orangensaft
und Rotwein löschen, dann mit Ge-
flügelfond auffüllen und köcheln
lassen. Schließlich Soße abseien und
etwas abbinden.

Auf der Hautseite der Entenbrust
feine Karos einschneiden. Mit Salz
und Pfeffer würzen und auf der Haut
langsam braten lassen, sodass das Fett
gut ausbrät und die Haut knusprig
wird. Nun von der anderen Seite
schön rosa fertig braten.
Die Soße je nach Geschmack mit
Orangenfilets verfeinern.
Dazu Broccoli mit gerösteten Mandeln
und Kartoffelpüree mit frischen Gar-
tenkräutern servieren.

„Sternchen in den Augen zufriedener
Gäste". Manchmal kochen sie, was einst
schon berühmte Leute verzehrten. Neugierig
auf ein Entrecôte à la Dumas? Wie wäre
es mit „Tagliatelle con Tartuffi" à la Verdi
oder Tournedos à la Rossini, dazu einen
„Vernaccia di San Gimignano", einen schon
von Michelangelo bevorzugten Wein? Kein
Problem. Man kann sich auch „Forster Un-
geheuer" von Reichsgraf Buhl, Bismarcks
Lieblingswein, einschenken lassen. Überflüssig zu erwähnen, dass sich in diesem
alteingesessenen Weinhaus noch heute fast
alles um den edlen Rebensaft dreht. Die
Auswahl hochwertiger Tropfen verspricht
eine Insel der Weinkultur im Norden. Wie
1914, in jenem Jahr, in dem Wöhler sowohl
Hoflieferant der Königin der Niederlande
als auch der Großherzogin Marie von Meck-
lenburg-Schwerin wurde, steht wieder ein
Chateau d`Armailhac auf der Karte.

PRIMAVERA

PRIMAVERA
IM BEST WESTERN HOTEL
PLAZA

AM GRÜNEN TAL 39
19063 SCHWERIN
TELEFON   03 85-3 99 20
TELEFAX   03 85-3 99 21 88
WWW.PLAZA.BESTWESTERN.DE

GEÖFFNET:
TÄGLICH 11.30–14 UND 18–22 UHR

stellungen im eigenen Haus. Auch lässt sie die zahlreichen Gäste, die zu den allsommerlichen Schweriner Schlossfestspielen anreisen, zum Ort der inzwischen weithin berühmten Opernaufführung unter freiem Himmel zwischen Schloss und Museum chauffieren.

Unter dem wachsamen Auge von Restaurantleiter Tobias Ulbrich agiert der Service flink und aufmerksam. Die berufliche Vorliebe des gelernten Barkeepers für hochprozentige Produkte sorgt für einen ganz besonderen Clou. Wo sonst findet man noch eine Cocktailkarte, die nach der Geburtsstunde der darin aufgeführten internationalen Getränke sortiert ist? Wussten Sie schon, dass die Erfindung des Gin Fizz mit der Geburtsstunde des Cocktails 1889 im Pariser „Ritz" einhergeht? Das „Goldene Zeitalter" des Cocktails lag zwischen 1910 und 1919. Heute kann man im Schweriner Plaza wieder den damals im Hotel „Raffel's" in Singapore vor allem für die englische Lady kreierten lieblich, fruchtigen „Singapore Sling" bestellen. Für „echte Männer" gibt es „Petrifier", einen in den 60er Jahren entwickelten hochprozentigen Longdrink aus Wodka, Gin, Rum, Cognac, Grand Manier, Cointrau, Grenadine, Calvados, Angostura und Ginger Ale. Zuvor sollte man aber gut speisen. Lukullisches Herzstück des Hauses ist das in warmen Kirschholztönen gehal-

𝒟inieren und logieren im Neubauviertel? Zugegeben dem Hotel Plaza, vier Kilometer südlich vor Schwerin, sieht man von außen nicht gleich an, was es an kulinarischen Köstlichkeiten und wohnlichem Komfort zu bieten hat. Doch schon beim Eintritt in das Vestibül fühlt man sich geborgen. Wasser fließt leise plätschernd über Granitsäulen. Mit 28 Quadratmetern sind die 76 Gästezimmer großzügig bemessen und erfreuen über den normalen Vier-Sterne-Komfort hinaus mit einem begehbaren Kleiderschrank. Anja Onasch, die Chefin der bemerkenswert freundlichen und jungen 20-köpfigen Hotelcrew, führt mit Leidenschaft dieses Hotel. Sie initiiert Kunstaus-

ZANDERFILET AUF GESCHMOLZENEN TOMATEN AN SAFRANSOSSE DAZU TRÜFFELKARTOFFELN

Für 4 Personen

Zutaten:

4 Zanderfilets à 200 g,
800 g Tomaten,
1/4 l Fischfond,
1/4 l Sahne,
1 kg Trüffelkartoffeln,
1 Zitrone,
Salz,
Pfeffer,
Mehl,
5 g Safran,
Basilikum,
Oregano,
200 g Butter,
Olivenöl

Zubereitung:

Tomaten vierteln und das Kerngehäuse entfernen. Die Zanderfilets mit Zitrone beträufeln, salzen und anschließend von beiden Seiten in Mehl wälzen. Olivenöl in einem Topf erwärmen und die Tomaten dazugeben. Das Ganze leicht erwärmen bis die Tomaten schmelzen. Mit Basilikum, Oregano und Salz abschmecken.
Butter in einer Pfanne schmelzen und die Zanderfilets von beiden Seiten goldgelb braten. Den Fischfond in einem Topf erwärmen und die flüssige Sahne unterrühren, Safran dazugeben und gut verrühren, mit etwas Limettensaft und gehacktem Dill abschmecken.
Die Trüffelkartoffeln können mit Schale gekocht und serviert werden.

tene Restaurant „Primavera". Der Name ist auch Programm. Küchenchef Torsten Hartung, der schon auf Malta gekocht hat, lässt sich gerne von maritimen Einflüssen leiten. Wunderbar schmeckt seine italienische Tomatensuppe, lecker ist auch das Carpaccio von der Entenbrust. Doch der in Schwerin geborene Koch kennt sich auch bestens in der heimischen Küche aus. So gibt es am Abend eine Extrakarte mit rustikalen Gerichten wie die Kartoffelsuppe mit Pflaumen und Speck, Kloppschinken, hausgemachtes Sauerfleisch oder Schweinebraten mit Sauerkirschen – alles gekocht nach alten mecklenburgischen Rezepten. Das süße Ende eines Abends im „Primavera" gestaltet sich mit Tiramisu, gebackenem Eis oder Baumkuchencharlotte mit Orangen-Champagnercreme wieder eher international.

SCHLOSS BASTHORST

SCHLOSS BASTHORST

19089 BASTHORST
TELEFON   038 63-52 50
TELEFAX   038 63-52 55 55
WWW.SCHLOSS-BASTHORST.DE

ÖFFNUNGSZEITEN DES RESTAURANTS:
TÄGLICH 12-22 UHR

Im Kölpiner Wald, nur etwa 20 Minuten von Schwerin entfernt, gibt es uralte Mammutbäume. Tief versteckt in dieser ursprünglichen Landschaft steht ein kleines Schloss mit viel Flair. Wilde Rösser flankieren das Eingangstor. Das malerische Gebäudeensemble am Ende der kurzen Auffahrt geht auf das Jahr 1824 zurück. Nach 1900 wurde der klassizistische Backsteinbau noch erweitert und trägt nunmehr auch Züge späterer Reformarchitektur. 1995 ließ man die romantisch in einem zwölf Hektar großen Landschaftspark eingebettete Gutsanlage restaurieren, nun dient das Herrenhaus als Hotel. Dabei setzt die Direktorin Annerose Müller hauptsächlich auf Individual-Tourismus, aber auch auf Tagungs- und Seminargäste. Sechs Tagungsräume können von bis zu 100 Personen genutzt werden. Die Gäste wohnen in 47 nostalgisch und komfortabel eingerichteten Zimmern. Von ungewöhnlicher Noblesse aber ist vor allem die holzgetäfelte Bibliothek das Hauses. Dieses innenarchitektonische Kleinod des Jugendstils – ein exklusiver Ort für ein Meeting im kleineren Kreis – ist nur durch eine Glaswand vom lichten, palmengeschmückten Wintergarten getrennt, der gern für wechselnde Kunstausstellungen genutzt wird. Auch lockt das stilvolle Ambiente des Hauses immer wieder Verliebte hierher, die sich im Trauzimmer das Ja-Wort geben. Im Mittelpunkt der Gastlichkeit aber steht das Restaurant. Von der großen Terrasse reicht der Blick bis zum Glambecksee. Ein klarer Badesee, voller Fische wie auch der Barniner See gleich um die Ecke, in dem Fischer Brietzke Zander, Wels und Barsch für die Basthorster Schlossküche fängt. Fisch dominiert auf der Speisekarte. Bei so viel Wald ringsum gibt es natürlich auch Wild – von so köstlicher Zubereitung wie der Rehrücken aus dem Basthorster Forst mit Rotweinjus, Steinpilztatar und Mandelplätzchen. Für ein Dinner zu zweit empfiehlt sich die „Basthorster Grafenvariation", zarte Filets von Reh, Hirsch, Wildschwein auf Bordeauxsoße. Wildschwein wird dafür tagelang in Gin, das Reh in Rotwein, der Hirschrücken in Buttermilch gebeizt. Um das leibliche Wohlbefinden der Gäste kümmert sich der junge dynamische Küchenchef Norbert Jacobs. Die weißen Rübchen, Möhren und Kartoffeln, mit denen die mediterran inspirierten Gerichte heimische Erdung bekommen, stammen von den Äckern aus der Umgebung. Die Kräuter für die frische, moderne, ländliche Küche pflückt der Gärtner auf schlosseigenem Terrain.

SCHMETTERLING-STEAK VOM BARNINER JUNGHIRSCHRÜCKEN MIT WALDBEERJUS

Für 4 Personen

Zutaten:

4 Schmetterlingssteaks à ca. 300 g (aus dem Rücken geschnitten), 40 ml Portwein (Madeira), ca. 30 ml Pflanzenöl (kalt gepresst), gemahlener Pfeffer, grober bunter Pfeffer, 1/2 Knoblauchzehe, etwas frisch gehacktes Basilikum

Für die Jus:

200 g Waldbeeren, Parüren und Knochen vom Hirsch, eine mittelgroße Zwiebel, 50 g Röstgemüse, 1/2 Teelöffel milder Senf, 6 Wacholderbeeren, etwas Salz, Pfeffer, 1 Lorbeerblatt

Zubereitung:

Jus: Die beiden Rückenmuskeln vom Rückgrat lösen. Locker sitzende Häute, Ketten und blaue Sehnenhaut entfernen. Die Karkasse in kleine Stücke hacken und zusammen mit den Abschnitten beiseite legen. In einem Bräter etwas Fett erhitzen und die Knochen und Parüren darin scharf anbraten. Zwiebeln und Röstgemüse (außer Lauch) dazugeben und Farbe nehmen lassen. Senf hinzufügen und mit Portwein ablöschen. Mit Salz und Pfeffer würzen. Wacholderbeeren grob zerstoßen und zusammen mit dem Lorbeerblatt der Jus zugeben. Etwa 1 Stunde köcheln lassen, durch ein Sieb passieren und mit Stärke abbinden. Dann die Waldbeeren unterheben.

Steaks: Die Rückenmuskeln in acht gleich große, ca. 5 cm dicke Medaillons schneiden und in der Hälfte nicht ganz teilen, dann mit der Hand zu Schmetterlingssteaks plattieren. Den restlichen Rotwein in das Fleisch massieren und 10 Minuten ruhen lassen. Öl in einer Pfanne erhitzen, den grob gehackten Knoblauch und Basilikum ganz kurz im heißen Öl schwenken. Das Öl durch ein Sieb in eine zweite Pfanne gießen. Die Steaks von beiden Seiten kurz scharf anbraten, dann erst mit Salz und Pfeffer würzen und 3-4 Minuten bei 180°C im Ofen rosa ziehen lassen.

BIENENZUCHTZENTRUM BANTIN

Oh, wie liebten schon die Götter den süßen Bienensaft. Die Menschen hielten ihn einst für Tau, der vom Himmel fiel und deshalb göttliche Kräfte haben musste. Vom Altertum bis in das späte Mittelalter süßte nur Honig die Getränke und Speisen. Hippokrates schwor schon vor langer Zeit auf seine Heilkraft. Auch die Nonnen des Zisterzienserklosters, die tief im Westen Mecklenburgs am Ufer des Schaalsees ihr Kloster errichteten, wussten das

klebrige Gold zu nutzen. Im nur wenige Kilometer entfernten Bantin erntet man jedes Jahr viele verschiedene Sorten köstlichen Honigs. Auch weiß man heutzutage die antibakteriellen Wirkungen des Honigs und Propolis zu schätzen. Propolis, auch Kittharz genannt, ist ein Nebenprodukt der Sammeltätigkeit der fleißigen Bienen. Im kleinen Laden des Bienenzuchtzentrums kann man viele Produkte aus diesem heilkräftigen Kittharz, mit dem die Bienen ihre Waben schützend überziehen, erwerben. Der Inhalt der vielen Fläschchen und Dosen in den Regalen verspricht einen wahren Gesundheits- und Schönheitsborn. Da gibt es Honig-Duftseife, Honig-Gold-Creme, Blütenpollen- und Propoliskapseln, aber auch an die 20 verschiedene Honigsorten, Honig-Bärchen, Bienenwachskerzen und Honig-Bier. Das Rezept für den Bärenfang, einen kräftigen Honigschnaps, hat Dr. Dyrba, Tierarzt und Chef des Bantiner Bienenzuchtzentrums, von den ostpreußischen Vorfahren seiner Frau geerbt. Das Bienenzuchtzentrum entstand aus einer Imkerei, die seit 1976 vom Forstwirtschaftsbetrieb und anschließend vom Verband der Kleingärtner und Kleintierzüchter betrieben wurde. 1991 übernahm der Landesverband

BIENENZUCHTZENTRUM BANTIN

LANDESVERBAND DER IMKER MECKLENBURG
UND VORPOMMERN E.V.
WITTENBURGER STR. 3
19246 BANTIN
TEL. UND FAX: 03 88 51 – 2 52 81
E-MAIL: IMKER-MV@T-ONLINE.DE

ÖFFNUNGSZEITEN DES SCHAU- UND
LEHRGARTENS: MO-FR, 7-15.45 UHR
UND NACH VEREINBARUNG

der Imker Mecklenburg und Vorpommern e.V. die Nutzung der inzwischen landeseigenen Einrichtung. Das Spektrum der Aufgaben ist vielfältig. Für den Besucher sichtbar ist vor allem der Bienenlehr- und Schaugarten, der jährlich von ca. 3 000 Gästen besucht wird. Die über 150 verschiedenen Pflanzen, vom zeitig blühenden Winterling über Weidenkätzchen, Ahorn, Fingerstrauch, Apfelbaum und Zierquitte bis hin zu Bienenbaum, Herbstzeitlose und Aster sind auf die Bestäubung durch die Bienen angewiesen. Auch den Nutzen von Steingärten und Gartenteichen für diese Insekten – ein Bienenvolk braucht täglich etwa 200 Milliliter Wasser – kann man hier kennen lernen und sich auf einem Spaziergang zur naturnahen Gestaltung des eigenen Gartens inspirieren lassen. Einen Bienenlehrstand mit besonderen Schaubeuten bietet allen, vom Imker bis zum Schulkind, einen spannenden Einblick in das Leben der Bienen. Beuten, so nennt der Imker die Bienenwohnungen, findet man in verschiedenen

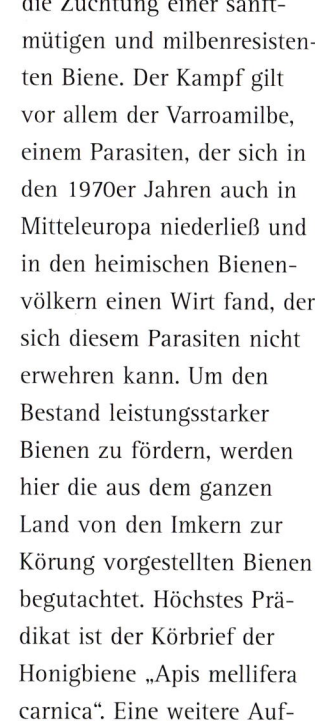

Ausführungen im musealen Teil des Lehrstandes. Sie sind in ihrer Vielfalt Zeugnis der deutschen Kleinstaaterei der vergangenen Jahrhunderte, in denen jeder Hofstaat auch seinen eigenen Hofimker mit eigenem Beutentyp hatte. Daneben gibt es auch allerhand historisches und modernes Imkergerät zu besichtigen. Zugleich betreuen die Bantiner selbst zwischen 200 und 300 Bienenvölker. Jährlicher Honigbetrag: fünf bis sechs Tonnen. Zugleich aber widmen sie ihre Kenntnisse der Aus- und Weiterbildung von Imkern sowie der Wissenschaft. Ziel ihrer Forschung ist die Züchtung einer sanftmütigen und milbenresistenten Biene. Der Kampf gilt vor allem der Varroamilbe, einem Parasiten, der sich in den 1970er Jahren auch in Mitteleuropa niederließ und in den heimischen Bienenvölkern einen Wirt fand, der sich diesem Parasiten nicht erwehren kann. Um den Bestand leistungsstarker Bienen zu fördern, werden hier die aus dem ganzen Land von den Imkern zur Körung vorgestellten Bienen begutachtet. Höchstes Prädikat ist der Körbrief der Honigbiene „Apis mellifera carnica". Eine weitere Aufgabe ist die Weiselzucht. Dabei werden von besonders edlen Königinnen jährlich etwa 1 500 neue Weiseln gezogen und an interessierte Imker weitergegeben. Somit wollen die Bantiner Bienenzüchter und -forscher der Imkerei in Mecklenburg-Vorpommern, die – wie überall in den ostdeutschen Ländern – nach 1989 einen dramatischen Rückgang (von etwa 150 000 auf 20 000 Bienenvölker) erlebt hat, zu neuem Auftrieb verhelfen.

diniert. 1790 von Großherzog Franz I. als Gasthaus für renommierte Reisende erbaut, war es schon damals eine Oase für Geist und Gaumen. Franz' ältester Sohn, Herzog Friedrich Ludwig, widmete es 1810 seiner Gemahlin Caroline Louise, Tochter des Großherzogs Carl August von Weimar. Fürstliche Jagdgesellschaften logierten in diesem Haus auch noch, als längst die Residenz wieder nach Schwerin zurückverlegt wurde. Noch vor wenigen Jahren war Christian Ludwig, Herzog von Mecklenburg, zu Gast.

Wilfried Glania-Brachmann und Petra Fuchs, zwei gebürtige Mecklenburger, sind mit feudaler Küche und fürstlichem Service der alten Tradition gepflegter und herzlicher Gastfreundschaft treu geblieben. Leise Barockmusik perlt durch den Innenhof, der

AMBIENTE
IM LANDHOTEL DE WEIMAR

SCHLOSSSTRASSE 15
19288 LUDWIGSLUST
TELEFON   03874-4180
TELEFAX   03874-418190
WWW.LANDHOTEL-DE-WEIMAR.DE

GEÖFFNET:
TÄGLICH 12-14 UND 18-21.30 UHR

Schnurgerade führt die alte Schlossstrasse mit ihren frisch gepflanzten Linden direkt zum Ludwigsluster Schloss. Als die Sachsen, die Preußen, die Thüringer längst avec plaisire et sans souci ihre Nebenresidenzen mit klangvollen Namen errichtet hatten, baute sich auch der mecklenburgische Herzog Friedrich, wie üblich etwas später und deshalb in schon leicht antiquierter Form, seine barocke Idealresidenz. Heute ist die Stadt ein denkmalgeschütztes Flächenensemble. Das „Mecklenburgische Versaille" atmet mit all seinen backsteinroten Bauten Geschichte. So haben im über 200 Jahre alten Landhotel de Weimar schon Herzöge

den historischen Teil mit dem Hotelneubau verbindet. Palmen und Kerzen spiegeln sich im gläsernen Himmel des Atriums, über dem sich das hohe mecklenburgische Sternenzelt wölbt. Im Glas auf dem festlich gedeckten Tisch perlt der Champagner. Herrlich schmeckt als Aperitif auch hausgemachter Holunderblütennektar. Wilfried Glania-Brachmann ist kochmützengekrönter Küchenmeister und Eurotoques-Chef. Als solcher bewahrt er in seinen Töpfen die besten kulinarischen Traditionen Mecklenburgs, die er stets einfallsreich verfeinert. Ob Schweriner Rauchaal mit Wachtelrührei, klares Steckrübensüppchen mit gebratener Blutwurst oder ob Birne, Bohnen und Speck mit gebratenem Aal und Erbsenmousse, Rügener Lammhaxe, Zimtpflaumen oder gehobelter Schafskäse von der Insel Rügen mit selbst gefertigtem Quarkeis – alles ist so bodenständig wie auserlesen. Seine Ideen entstehen immer dann, wenn er seiner Fantasie freien Lauf lässt. Zwar hatte er sich kurz nach der Wende auf kulinarische Reisen nach Baden-Württemberg begeben, doch die besten Ideen entstehen am eigenen Herd. Der „Stern" nannte ihn zurecht „eine der kreativsten Weißmützen im Osten". War es bekanntlich schon immer etwas

teurer, einen guten Geschmack zu haben, hier sind die Hauptgerichte (zwischen 12,50 und 24 Euro) durchaus ihren Preis wert. Auch die Getränkekarte, mit 38 Seiten schon ein Buch, wurde geschickt sortiert. Die von Petra Fuchs kenntnisreich ausgesuchten 157 Weine bieten eine vielfältige Auswahl guter Tropfen, wobei der Wein von Deutschlands bekanntesten Winzern dominiert. Viele der alkoholfreien Getränke, wie Glashäger Mineralwasser und Fruchtsäfte aus dem westmecklenburgischen Dodow und Ludwigsluster Sanddornsaft, stammen aus der Region. Auch der Küchenchef sieht sich der Landschaft und den Jahreszeiten verpflichtet. Für seine saisonale Frischeküche bedient er sich der mecklenburgischen Natur. Einmal am Tag klopft die hauseigene „Kräuterhexe" ans Tor. Die Gänseblümchen, schmackhafter Tellerschmuck, wachsen im Vorgarten des Hotels. Kartoffeln liefert Bauer Fritz, Pilze kommen aus den umliegenden Wäldern, die Wachteln aus Rosenow, auch die Eier stammen aus unmittelbarer Nachbarschaft. Natürlich wird noch heute in der waldreichen Gegend zum Halali geblasen, sodass die Grundlage für die leckere Wildschweinsülze aus dem nahen Friedrichsmoor stammt.

ZANDER IN DER RAUCHAALKRUSTE MIT TOMATENMARMELADE UND SELLERIESOUFFLE

Für 4 Personen

Zutaten:

4 Zanderfilets à 150 g, 1 kg Tomaten, 200 g geräuchertes Aalfilet, 400 g Sellereie, 4 Kartoffeln, 1 Bund Dill, 200 g Cherrytomaten, 200 g Schalotten, 100 g Butter, außerdem Butter zum Ausfetten der Tassen, 2 Knoblauchzehen, 4 Eier, 1 Zitrone, Salz, Mehl, Butterschmalz

Vorbereitung:

Tomaten waschen und in Viertel schneiden. Knoblauch und Schalotten würfeln, alles vermischen, salzen, in ein Tuch einwickeln und aufhängen. Den Tomatenfond in einer Schüssel über Nacht auffangen.

Zubereitung:

Sellerie und Kartoffeln würfeln und in Salzwasser kochen. Dann abgießen, pürieren und mit Salz und Muskat abschmecken. Drei Eier trennen, das Eigelb in die Selleriemasse rühren und das Eiklar mit einem Mixer steif schlagen und der Masse unterheben. Vier Tassen ausbuttern, Souffle einfüllen und 1/4 Stunde im Ofen bei 180°C backen. Den Zander waschen, mit Zitrone säuern, salzen, mit Mehl bestäuben, in Butterschmalz goldgelb anbraten und im vorgeheizten Ofen fünf Minuten ruhen lassen. In der Zwischenzeit Rauchaal in kleine Würfel schneiden und zusammen mit dem gehackten Dill, 2 EL Creme fraiche sowie einem Eigelb vermischen, dann auf den Zander streichen und im Grill gratinieren. Den Tomatenfond mit kalter Butter abbinden, Cherrytomaten zugeben und auf dem Teller anrichten, den Zander und das Selleriesouffle daneben arrangieren.

SANDDORN STORCHENNEST GMBH

SANDDORN STORCHENNEST GMBH LUDWIGSLUST

HEIDEWEG 9
19288 LUDWIGSLUST
TELEFON   03874-21973
TELEFAX   03874-663244

LADENÖFFNUNGSZEITEN:
MONTAG, MITTWOCH U. FREITAG 10.30-13
UND 15-18 UHR, SONNABEND 10-13 UHR

Wer an Sanddorn denkt, hört das herbstliche Heulen des Windes und das Tosen der Wellen am Hochufer der See. Hier oben im Norden schützt der dornige Strauch schon seit Jahrhunderten den losen Dünensand. Seine Heilkraft aber blieb lange Zeit unbekannt. Nur wenig Eingeweihte wussten, dass der gesundheitsfördernde Sanddorn auf einem langen Weg von den Höhen Tibets und den Steppen Zentralasiens, wo man ihn auch zur Behandlung von Lungenkrankheiten, rheumatischen Beschwerden und Ödemen einsetzte, über Russland nach Deutschland kam. Kauten schon die alten Lamas und Nomaden Sanddornbeeren – eine Kinderhand voll deckt bei weitem den täglichen Vitamin-C-Bedarf – benutzte man in Deutschland die dekorativen "Korallenbeeren" lieber als Zimmerschmuck. "In den 30er Jahren war dies geradezu eine Modeerscheinung… wurde aber 1936 durch eine Naturschutzverordnung stark eingeschränkt und nach der zu Anfang der 40er Jahre erfolgten Entdeckung der wertvollen Eigenschaften des Sanddorns als überlebensnotwendigen Vitaminspender in ganz Deutschland verboten", schreibt Sylvia Luetjohann in ihrem Buch "Die starke Frucht mit dem heilsamen Öl". In deutscher Wirtschaftswunderzeit verlor der Sanddorn bald wieder an Attraktivität. Kein Wunder ist es, dass in der Vitaminmangelgesellschaft DDR 1980 die erste und größte Sanddornplantage Deutschlands entstand. Wuchs das silbrige Laub mit den leuchtend orange-roten Früchten im mecklenburgischen Hinterland bis dato allenfalls an Autobahnböschungen und in Ziergärten, wurde in Ludwigslust nun ganz systematisch auf einer drei Hektar großen Fläche Sanddorn gepflanzt. Heute erntet der Ludwigsluster Biobetrieb Sanddorn Storchennest GmbH auf rund 80 Hektar kargem Sandland jährlich 120 Tonnen dieser sauren Frucht, die nicht nur zehnmal mehr Vitamin C als die südliche Zitrusfrucht, sondern auch noch neun weitere Vitamine, vor allem das Vitamin E, und fünfzehn Spurenelemente wie Eisen, Silizium und Magnesium enthält. Der Betrieb zählt zu den größten und wichtigsten Anbietern von Sanddornbeeren in Deutschland. Die kostbaren Beeren lassen der Geschäftsführer Frank Spaethe und seine acht Mitarbeiter zu Säften, Sirup, Tees, Likören, Essig, Gelees, Fruchtschnitten und Sanddornbonbons verarbeiten, die man direkt vor Ort, aber auch in Bioläden Mecklenburg-Vorpommerns, in Berlin und Hamburg kaufen kann. Auch in der Naturkosmetik findet Sanddorn Verwendung. Schon in der alten asiatischen Volksmedizin tauchte Sanddornöl als Pflegemittel für Haare auf. Es pflegt auch trockene und empfindliche Haut. Das Sanddornöl ist eine einzigartige Mischung von physiologisch aktiven Stoffen wie Vitamin A, E und C, sowie Fettsäuren und Spurenelementen. Der hohe Carotinoidgehalt ist in Verbindung mit den anderen bioaktiven Substanzen die Ursache für die außergewöhnlichen "skin-repair-Eigenschaften" von Sanddornöl. Die in Wallenhorst, in der Nähe von Osnabrück, ohne jegliche Tierversuche aus Ludwigsluster Sanddorn hergestellte Kosmetik hat sich bei vielen Hautproblemen bewährt. Die

Ernte der dornigen Frucht war früher recht schwierig. Die volkstümliche Art der „Widerspenstigen Zähmung" ist ein regelrechtes Melken der Zweige, natürlich mit dicken Handschuhen bewehrt. In Ludwigslust schneidet man die fruchttragenden Zweige einfach ab, friert sie samt der fest sitzenden weichen Früchte ein, und schüttelt sie später wie Eisperlen unversehrt vom Strauch. Erst nach zwei bis drei Jahren hat sich die Pflanze soweit regeneriert, dass sie wieder neue Früchte trägt.

HANSE, HOHEIT UND PAPPMACHÉ –
WESTMECKLENBURG UND DIE LANDESHAUPTSTADT SCHWERIN

Bad Doberan, Münster

Mecklenburger-Mühle bei Dorf Mecklenburg

Mit Wismar, Schwerin und Ludwigslust liegen drei Städte ganz besonderer Art im Westen des Landes. In Wismar hat die Hanse Konjunktur. Sofort nach den Wahlen 1990 taufte die alte Hafenstadt nicht nur klangvoll ihre Stadtverordnetenversammlung in Bürgerschaft und den Magistrat in Senat um. Mit dem Status der Kreisfreiheit knüpfte die Stadt auch selbstbewusst an altes hanseatisches Autonomiedenken an. Auch Schwerin besinnt sich seit der Wende wieder an alte Tradition. Zäh kämpfte die alte Residenz-, Gau- und Bezirksstadt 1990 um die historisch angestammte Rolle als Landeshauptstadt, hatte man doch sonst wenig. Gegen den großen Konkurrenten Rostock trat Schwerin an mit freistehenden Verwaltungsgebäuden, fünfhundertjähriger Musiktradition, mit großem Staatlichen Kunstmuseum und vor allem mit dem Schloss, das mit seiner historistischen Romantik emotionales Identifikationsangebot werden sollte. Anspruch und Widerspruch der Stadt finden

Schwerin, Museum

sich auch im Architektonischen: In den verwinkelten Straßen und Gassen duckt und drängt sich hutzliges Fachwerk, platziert sich hell geputzter Klassizismus vor Backsteingotik, träumt trutzig Tudorgestyltes, klotzen die Neureichs der Gründerzeit. An den Schauseiten der Stadt, am Pfaffenteich und vor allem beim Schloss, wird es hauptstädtisch: Die Dreiflügelanlage des Kollegiengebäudes, der heutigen Staatskanzlei, das neobarocke Theater und das Museumsgebäude mit gewaltigem Freitreppenschwung zeigen Größe. Dazwischen ist das schlichte Fachwerk des alten Palais noch einmal ein leiser Nachhall des typisch Schweriner Mischklangs, der sich gegenüber auf der Schlossinsel zum hellen Akkord aufschwingt: Das Schloss! Heute Museum und Sitz des Landtages. Kein Auge bleibt trocken angesichts dieses „Neuschwansteins des Nordens", das für die einen der bedeutendste Historismusbau Europas, für andere ein kurioses Stilgemisch ist. Gegen diese blendende Antwort der restaurativen Monarchie auf die Idee von 1848 kommt das im englischen Tudorstil auf dem

Marktplatz vor sich hin träumende Rathaus kaum zu Wort. Schwerin war nie die Stadt selbstbewussten Bürgertums wie die Hansestädte im Norden. Schweriner Geschichte war Hofgeschichte. Ihr Ableger als dynastische Gründung ist 30 Kilometer weiter westlich die kleine Stadt Ludwigslust. Ludwigslust ist ein Werk Friedrich des Frommen. Und wohl nur aus Pietät hat dieser Pietist Ludwigslust nicht in Friedrichsfromm umbenannt.

Der Namensgeber des Ortes, Christian II. Ludwig, frommte hier Anfang des 18. Jahrhunderts seiner Jagd- und Sammellust. Sein Sohn, unter dem Einfluss einer pietistischen

Schwerin, Mecklenburgisches Staatstheater

Tante, verlegte 1756 die Residenz von Schwerin in die ländliche Abgeschiedenheit der Griesen Gegend und erbaute eine der schönsten Städte des Landes, ein „Mecklenburgisches Versaille". Der Schlosspark, später vom berühmten Gartenarchitekten Peter Joseph Lenné unter Respektierung des barocken Ensembles verändert, ist mit 120 Hektar einer der größten Deutschlands. Bei aller wirtschaftlichen Rückständigkeit Mecklenburgs – beim Bau des Schlosses zwang die ständige Geldverlegenheit den Fürsten zur technischen Revolution. In der Produktion von Pappmaché lag man bald ganz vorn. Wer durch die Schlossräume streift, sollte seinen Augen nicht trauen: Ornamente an Decken, Türen und Möbeln, Reliefbilder, Konsolen und Skulpturen – alles gepresst und geklebt aus den Akten der Steuerstuben. Dabei alles so täuschend echt wie feinster Marmor, Stuck, Metall, Porzellan und Elfenbein.

Schwerin, Schloss

STEIGENBERGER HOTEL STADT HAMBURG

gefürchtete Schwellenangst und öffnete den Gastraum zum Markt hin einladend für alle. Mancher Gast bemerkt erst beim Gang zu den sanitären Räumen den inneren Zusammenhang der benachbarten Häuser. Dort, wo heute das Restaurant mit frischem Design und frischer Küche zum Verweilen einlädt, kümmerte man sich schon seit jeher um das leibliche Wohl der Besucher und Bewohner von Wismar. Bis 1736 wurde auch in diesem Haus das weithin berühmte Wismaraner Bier, die „Mumme", gebraut. Bald danach wechselte es den Besitzer, der ihm, wie die Wismarsche Zeitung von 1816 belegt, den Namen „Stadt Hamburg" gab. Berühmte Leute wie den Feldmarschall Leberecht von Blücher und Hoffmann von Fallersleben waren hier zu Gast. Heute empfängt den Gast ein Innenraum mit Wänden in pompejanisch Rot. Vieles, was in der Welt an Gewürzen gedeiht, Muskatnüsse, Sternanis, Vanillestangen, getrocknete Orangen und anderes mehr in Gläsern und Schalen, dekoriert appetitanregend den Raum. Küchenchef Hilmar Ranke ist Koch

RESTAURANT UND BAR IM STEIGENBERGER HOTEL STADT HAMBURG

AM MARKT 24
23966 WISMAR
TELEFON 03841-2390
TELEFAX 03841-239239
WWW.STEIGENBERGER.DE

GEÖFFNET:
6-24 UHR

Die alte Hansestadt Wismar ist eine der schönsten Städte Deutschlands. Kein Neubauklotz sprengt die Wirkung der über Jahrhunderte gewachsenen Stadt, die auf 76 Hektar eine der größten und best erhaltenen Altstadtflächen besitzt. Das Leben der Wismaraner ist, wie der Grundriss der Stadt, noch immer zum Meer hin ausgerichtet. Mehr Möwen als Tauben tippeln über den ein Hektar großen Marktplatz, den im Norden ein Rathaus von ganz ungewöhnlicher Breite begrenzt. Auch die beiden restaurierten denkmalgeschützten Fassaden vom Steigenberger Hotel Stadt Hamburg unterscheiden sich von den ansonsten schmalbrüstigen Giebelhäusern rings um den Markt durch mehrachsige Traufenstellung. Hinter historischen Mauern verbirgt sich seit 1993 ein modernes Inneres voller Eleganz, Komfort und Behaglichkeit. Nun ist die Einkehr in ein Hotelrestaurant nicht jedermanns Sache. Hier aber vermied man mit einem separaten Eingang die

SEESAIBLING IN WURZELGEMÜSE UND GEWÜRZKUCHENSOSSE

Für 4 Personen

Zutaten:

4 frische Saiblinge,
300 g gewürfelte Möhren,
300 g gewürfelter Sellerie,
2 Zwiebeln,
2 Petersilienwurzeln,
2 EL Fischgewürz,
200 g Butter,
2 EL Gewürzlebkuchen oder
1 TL Lebkuchengewürz,
2 EL Mehl,
Salz,
Zitronensaft

Zubereitung:

Mit dem Fischgewürz einen Sud kochen. Das Wurzelgemüse in wenig Wasser bissfest garen. Die Saiblinge gut salzen, in einen Bräter oder eine feuerfeste Kasserolle auf das Gemüse legen und mit einem Drittel der flüssigen Butter bestreichen. Danach den heißen Gemüsesud durch ein Sieb darüber gießen, bis alles knapp bedeckt ist. Dann das Ganze am Rand der Herdplatte bei 100 °C gar ziehen lassen.

Für die Soße mit dem zweiten Drittel der Butter und dem Mehl eine braune Schwitze herstellen und mit etwas Fischsud auffüllen, bis die Soße eine leicht sämige Konsistenz hat. Den eingeweichten Gewürzlebkuchen dazugeben und kräftig durchkochen lassen. Mit Salz, Pfeffer und einem trockenen Rotwein abschmecken. Die Soße passieren.

Das restliche Drittel der Butter leicht in der Pfanne bräunen. Die Saiblinge auf dem abgetropften Wurzelgemüse anrichten, mit frischen Kräutern bestreuen und die Butter ansoucieren. Die sollte separat gereicht werden.

mit Leib und Seele, eigentlich schon seit früher Jugend, hat schon der Oma im Thüringischen gern in die Töpfe geschaut. Noch heute holt er den Speiselebkuchen als Gewürz, beispielsweise für nebenstehendes Rezept, aus der Heimat. Doch fühlt er sich durchaus dem Ort, an dem heute sein Herd steht, verpflichtet. So kocht er gern boden-ständig, und dennoch den modernen gesundheitsbewussten Essgewohnheiten angepasst. Von der Kartoffelsuppe mit Speck und Backpflaumen über Himmel und Erde, ein Kartoffel-Apfel-Stampf mit gebratener Gänseleber bis hin zur Mecklenburger Götterspeise findet man viele leckere Gerichte, die typisch für diesen Landstrich sind.

Don Promillo's Weinkontor

Don Promillo's Weinkontor

Dankwartstrasse 55
23966 Wismar
Telefon   0384-288644

Geöffnet:
Montag 12–18 Uhr, Dienstag–Freitag
10–18 Uhr, Samstag 10–13 Uhr

Er liebt den Blues, trägt eine Baskenmütze, einen etwas zu weiten Pullover und einen Dreitagebart. Er sieht aus wie ein Pfeifenraucher und Whiskeytrinker und er ist Pfeifenraucher und Whiskeytrinker; mehr noch, er verkauft Pfeifen und Whiskey. Rainer Hartung ist – wie seine handgefertigten Pfeifen aus Wurzelholz – ein Original. Der einzige ostdeutsche Pfeifenbauer nördlich von Berlin hat schon vieles in seinem Leben ausprobiert. Ursprünglich zum Agraringenieur ausgebildet, wechselte er bald zur Musik. Jahrelang spielte er erfolgreich die Mundharmonika in der international bekannten Bluesband „Don Promillo's". Da lebte er noch im Berliner Stadtgebiet Prenzlauer Berg. Geboren aber wurde er 1960 in Thüringen. Man hört es

Canadischer aber auch loser Whiskey vom Fass. Besonders beliebt sind bei den Kunden die fruchtigen Liköre von der Mosel. In den gläsernen Ballons locken etwa 15 verschiedene promillehaltige Säfte, beispielsweise aus Winterpflaume und Bratapfel, aus Brombeeren, Sanddorn, Sauerkirschen mit Marzipan, schwarzen Johannisbeeren, Walnüssen und Quitten. Auch Winzer Kaffee und Pfälzer Dornfelder Likör sind köstliche Varianten hochprozentiger Nascherei.

Ob Wein oder Likör – gern reicht Rainer Hartung vor dem Kauf ein Gläschen zum Kosten. So weit so gut. Was aber hat Wein mit Kaninchen gemein – es sei, man findet beides zum Festessen vereint? Was man Rainer Hartung überhaupt nicht ansieht, ist sein Vergnügen an der Kaninchenzucht. Mit seinen Langohren hat er schon vier Pokale geholt. Doch füttert der frühere Abteilungsleiter für Rinderproduktion die Tiere auch für die Pfannen seiner Kunden.

kaum. Die Liebe hat ihn in den Norden verschlagen. Weil man aber mit Musik keine Familie ernähren kann, eröffnete er in der schönen Wismarer Altstadt einen Laden. Da hatte er längst auch schon seine Liebe zum Wein entdeckt. Schon vor zwanzig Jahren wurde in der Jenaer Studentenbude Wein in Ballons angesetzt – aus Reis, Hagebutten, Schlehen und Sauerkirschen. In klammen Zeiten ließ sich sogar Hagebuttentee in Wein verwandeln. Inzwischen haben sich die Geschmacksnerven des Lebenskünstlers gewaltig verfeinert. Im restaurierten mittelalterlichen Gewölbekeller seines Weinkontors stapeln sich 200 Sorten guter Weine aus aller Welt. Auch aus Mexiko und Bolivien. Die Preise liegen zwischen 3 und 30

Euro. Viele der heimischen Tropfen hat er zumeist schon auf seinen Konzertreisen durch die deutschen Provinzen kennen gelernt. Sie stammen von kleinen Einzelwinzern, so vom Kaiserstuhl, aus Ihringen vom Weingut Kaahle, aus der Pfalz vom Weingut Hey, aus Hessen vom Weingut Breetz. Die Palette reicht bei Rot- und Weißwein von trocken bis lieblich. Und es gibt Obstweine aus der Rhön, köstlich wie zu Omas Zeiten. Auch Weine aus Sachsen und dem Saale-Unstrut-Gebiet kann man in „Don Promillo's Weinkontor" kaufen. Ebenso Wismaraner Sekt. Außerdem stehen 50 Sorten Whiskey zwischen 15 und 95 Euro zur Auswahl, darunter Single Malts aus Schottland, Irish Whisky, Tennessie und

SEEHOTEL NAKENSTORF

SEEHOTEL NAKENSTORF

SEESTRASSE 1

23992 NAKENSTORF BEI NEUKLOSTER

TELEFON   03 84 22 - 2 54 45

TELEFAX   03 84 22 - 2 56 30

WWW.SEEHOTEL-NEUKLOSTERSEE.DE

ÖFFNUNGSZEITEN DES RESTAURANTS:
TÄGLICH IM SOMMER AB 12 UHR,
IM WINTER AB 18 UHR

Still ist es am Neuklostersee. Nur Vogelgezwitscher, hin und wieder ein abendliches Froschkonzert, manchmal ein kurzer lustvoller Aufschrei eines erhitzten Saunabesuchers beim Sprung ins kühle Wasser. Auch in den Räumen des backsteinroten Landhauses webt Stille, vertieft durch die Klänge der „Nocturnes" von Erik Satie. Feuer knistert im Kamin. In die zartblau gewischten Putzmauern eingelassene Lichtquellen tauchen den Raum in sakrales Licht. Die gerahmten Reste alter Wanddekoration stammen noch aus dem Jahr 1916, dem Erbauungsjahr des Bauernhauses. Es gibt Orte, an denen möchte man einfach für immer bleiben. Wenigstens noch einen Moment. Das kleine Seehotel in Nakenstorf ist eine Oase für Individualisten, ein Kleinod unter den mecklenburgischen Gastlichkeiten, wahrlich eine „Insel der Seligen" wie der Berliner Tagesspiegel schrieb, und somit eine jener Entdeckungen, die man am liebsten für sich behalten möchte. Ein Urlaub hier ist noch immer wie ein Besuch bei Freunden, mit denen man abends auf der Bank vor dem Haus oder am Feuer im Garten sitzt. Man kann auch den Konzerten in

der Kunstscheune lauschen, über Kuhweiden wandern oder segeln, surfen, rudern, reiten, jagen und fischen. Zwei Jahre dauerte die Metamorphose vom ehemaligen LPG-Erholungsheim zu einem Hotel, das im Guide Michelin mit einem roten Quadrat für seine Besonderheit ausgezeichnet wurde. Mit diesem Projekt konnte die Architektin Johanne Nalbach zum ersten Mal all ihre beruflichen Erfahrungen für ein eigenes Unternehmen nutzen. Gemeinsam mit ihrem Mann, Gernot Nalbach, den sie während ihres Studiums in Wien kennen gelernt hatte, eröffnete sie Anfang der 70er Jahre in Berlin ein Architekturbüro. Inzwischen steht der Name Nalbach für die Gestaltung einiger der hervorragendsten Berliner Hotelbauten, wie das Grand Hotel Esplanade und das Ermelerhaus. „Sensibel in der Empfindung, energisch in der Durchsetzung, poetisch in der Ausdrucksweise und rational in der Umsetzung, verspielt im Detail, geradlinig in der Form, so könnte man das Wesen Johanne Nalbachs, aber auch das ihrer Architektur beschreiben". Diese Einschätzung eines Design-Magazins lässt sich wörtlich auf die Gestaltung des Nakenstorfer Seehotels anwenden. Bestens harmonieren hier

die eigenen Einrichtungs-
entwürfe mit erlesenen
alten Möbelstücken.
Das stilisierte Motiv
von Acker und Furche
im Teppich, die Feld-
blumensträuße und rot-
bäckigen Äpfeln auf
den Fensterbrettern
sind eine Hommage an
den Geist des Ortes.
Küchenchef Thomas
Schumanns Kochkunst
ist ebenso bodenständig. Überflüssig zu
betonen, dass hier alles frisch zubereitet
wird. Die Äpfel im Garten reifen für den
hauseigenen Apfelsaft, für Marmeladen und
Kuchen. Sie duften als Dampfapfel unter

Weinschaum, werden
zu Apfelspalten für
eine typisch mecklen-
burgische Kartoffel-
suppe oder sind Zutat
zum köstlichen Meck-
lenburger Honigbraten.
Aus den Holunder-
blüten vor dem Haus
wird Sekt gemacht.
Die Fischerin vom glas-
klaren Neuklostersee
liefert Fisch, manchmal
auch Krebse. Nur die beliebte Geflügelkraft-
brühe stammt eher selten von den possier-
lichen hauseigenen Enten, die fröhlich
schnatternd über die Wiesen zum Wasser
watscheln.

NAKENSTORFER REHRÜCKEN MIT HAGEBUTTENSOSSE UND SCHUPFNUDELN

Für 4 Personen

Zutaten:
1/2 kg Rehrücken mit Knochen, Öl,
Für die Soße:
1/2 L Rotwein,
1 EL mittelscharfer Senf,
2 El Hagebuttenmarmelade,
1 EL Sherry trocken, Salz, Pfeffer,
Wacholderbeere, Lorbeerblatt, Piment,
Nelken, 2 Tropfen Balsamicoessig
Für die Schupfnudeln:
500 g Kartoffeln mehlig kochend, 1 Ei,
150 g Mehl, Salz und Muskat

Zubereitung:

Den Rehrücken von allen Seiten kurz
anbraten, dann, auf dem Knochen lie-
gend, in der Röhre bei 220°C etwa
10-15 Min. braten. Dabei das Fleisch
mehrmals mit Bratensaft und Rotwein
übergießen. Den Bratsud mit dem
restlichen Rotwein aufkochen, die
weiteren Zutaten beifügen, schließlich
den Senf einrühren und alles durch
ein feines Sieb gießen.
Für die Schupfnudeln die Kartoffeln
schälen und kochen, durch eine Presse
drücken und kalt stellen. Unter die
kalte Kartoffelmasse Mehl riebeln, mit
Salz und Muskat würzen und ein Ei
hinzugeben. Die Masse in feine
„Zigarren" abdrehen, einmal in Salzwasser aufkochen lassen, anschließend in Butter schwenken.
Dazu reichen wir Apfelrotkohl, der in
einem Sud aus Apfelsaft und Rotwein,
gewürzt mit Lorbeer und Wacholder,
mariniert und unter Zugabe von zuvor
in Geflügelschmalz hell gedünsteten
Zwiebeln und 1 EL Essig geschmort
wurde. Kurz bevor der Rotkohl gar ist,
zwei Äpfel reiben und unter den Rotkohl mischen.

MECKLENBURGER HOF

Dienstleistung steht für Gabriele Poschmann an erster Stelle. Kaum hat sich ein
potenzieller Gast der Eingangstür des
„Mecklenburger Hof" genähert, wird sie ihm
vom freundlichen Personal weit geöffnet.
Die ehrgeizige junge Frau hat ihr Handwerk
als Gastronomin von der Pike auf gelernt.
Außerdem studierte sie Ökonomie, schloss
später noch ein Studium als Ingenieur-
pädagogin ab. Heute arbeitet sie in zwei
Berufen, ist Lehrausbilderin und betreibt
das Hotel im Herzen von Brüel, an der
Landstraße zwischen Sternberg und Wismar.
Es ist der Ort ihrer Kindheit. Hier hat sie
schon in die Kochtöpfe ihres Onkels geschaut, der 25 Jahre lang vor ihr das Haus
geführt und das Kochen einst von der
Mutter gelernt hatte. Das schafft Tradition.
1990 übernahm Gabriele Poschmann das
Haus. Heute erfreut sie die Gäste mit
Schweinebraten nach Oma Ida, das Schnit-
zel kommt wie bei Onkel Fritz mit Butter-
erbsen und Pommes Frites auf den Teller.

MECKLENBURGER HOF

AUGUST-BEBEL-STRASSE 12-14
19412 BRÜEL
TELEFON   038483-2900
TELEFAX   038438-29029

GEÖFFNET:
TÄGLICH AB 7 UHR

Das Gebäude jedoch ist neu. 1997 wurde das alte baufällige Haus abgerissen. Bereits wenige Monate später eröffnete Gabriele Poschmann an derselben Stelle ein Vier-Sterne-Hotel mit zwölf Zimmern, Fitness- und Massagebereich sowie Sauna und Solarium, das sich in seiner Architektur dem Charakter des alten Ackerbürgerstädtchen gut anpasst. 40 Gäste finden Platz im Restaurant, das sich an warmen Tagen auf der schönen Gartenterrasse fortsetzt. In der Küche wird auf frische Zubereitung großen Wert gelegt. Das braucht seine Zeit, doch es lohnt sich zu warten. Sämtliche Soßen werden selber gezogen. Natürlich gibt es auch den typischen Mecklenburgischen Nackenbraten, gefüllt mit Äpfel und Backpflaumen. Auf der sommerlichen Mecklenburger Karte fehlen auch nicht „Himmel und Erde" oder Mecklenburger Götterspeise mit Schwarzbrot, Rum und

Kirschen. Der Renner aber ist das Bauernfrühstück mit viel Speck und Zwiebeln. Der Clou dabei sind die Essigpflaumen, die hier auf typisch mecklenburgische Art die andernorts üblichen sauren Gurken ersetzen. Drei Tage lang werden die Pflaumem in Essig gekocht und vorsichtig gewendet. Sie dürfen auf keinen Fall platzen. Üppig ist das Angebot an Fischgerichten von Matjestartar auf warmen Reibekuchen über knusprig gebratene grüne Heringe bis zur Flunder auf heißen Stachelbeeren. Der Kuchen, vor allem leckerer Hefeteigkuchen mit guter Butter, und die Torten werden nach alten Hausrezepten gebacken. Übrigens werden die Gäste hier nicht nur kulinarisch verwöhnt, inzwischen ist der „Mecklenburger Hof" mit Jazz-Veranstaltungen, Kabarett und Volksmusik auch kultureller Treffpunkt des kleinen Städtchens.

BRÜEL

GEFÜLLTE HÄHNCHENBRUST MIT GEPÖKELTER SCHWEINELENDE

Für 4 Personen

Zutaten:

4 Hähnchenbrüste,
100 g gepökelte Schweinelende (oder Filet),
1 Bund Möhren,
1 Stange Lauch,
400 g fest kochende Kartoffeln,
Zitrone,
Worcester Sauce,
Safran,
Sahne,
Zucker,
Salz,
Pfeffer

Zubereitung:

Die Hähnchenbrüste zwei Stunden vorher mit etwas Zitronensaft und Worcester Sauce marinieren. Schweinelenden in fingerdicke Streifen schneiden und mit dem blanchierten Grün vom Lauch bewickeln. In das Hähnchenbrustfilet seitlich eine Tasche schneiden und die umwickelten Lendenstücke hineinstecken. Mit Rouladennadeln fixieren. Nun die Hähnchenbrüste ca. 10-12 Minuten in Butterschmalz anbraten. Von beiden Seiten bei mittlerer Hitze gar ziehen. Anschließend warm stellen. Den Bratenfond mit Sahne ablöschen. Die Möhren tournieren (in Form bringen) und im Wasser unter Zugabe von Salz und Zucker al dente garen. Bei den fest kochenden Kartoffeln wird dem Kochwasser Salz und eine Messerspitze Safran zugegeben.

WILHELMS

WILHELMS
IM NEPTUNHOTEL

WOLFGANG DIERCK
STRANDSTRASSE 37,
18225 KÜHLUNGSBORN,
TELEFON 038293-630,
TELEFAX 038293-63299
E-MAIL: NEPTUNHOTEL@T-ONLINE.DE
WWW.NEPTUNHOTEL.DE

Kühlungsborn ist das größte Seebad Mecklenburgs. Ein drei Kilometer langer gepflegter Sandstrand verbindet die lang gestreckte Symbiose aus den drei ehemaligen Dörfern Fulgen, Brunshaupten und Arendsee. In gleicher Reihenfolge entwickelte sich hier auch der Badebetrieb. 1880 nahmen ein kaiserlicher Rechnungsrat und ein Goldschmied erstmals im heutigen Kühlungsborn-Ost Quartier. Bald entstanden neben einfachen Logierhäusern prächtige Pensionen und schlossgleiche Hotels. Als zur Jahrhundertwende der eigentliche Boom begann, baute auch Wilhelm Dase sein spitzgiebeliges, weißes Sommerhaus. Direkt an die Strandstraße, über die man heute an vielerlei kleinen Läden vorbei zur Seebrücke flaniert und gar nicht weit vom Haltepunkt der immer noch durch die Landschaft dampfenden Schmalspurbahn. Der Besitzer des traditionsreichen Hauses, der diplomierte Betriebswirt und Küchenmeister Wolfgang Dierck, der zuvor als Management-Praktikant im noblen Londoner Hotel „Savoy" Gäste wie Maggy Thatcher und die Queen Mum empfing, gab sich auch in der schönen Provinz am Meer nicht mit Mittelmaß zufrieden. Die Geschichte des Neptuns

wurde eine Erfolgsgeschichte. Schon sehr bald war das sanierte und 1995 wieder eröffnete Neptun als Vier-Sterne-Hotel eine der besten Adressen an der mecklenburgischen Küste. 2001 bedachte Gault Millau das Restaurant „Wilhelms" mit 13 von 20 Punkten. Der kritische Gourmetführer lobte in diesem Fall nicht nur die „überzeugende Küchenleistung", sondern bedachte auch den unter der Führung der Restaurantleiterin Birgit Teichmann um das Wohl des Gastes besorgten Service mit lobenden Worten. Nicht nur die Hotelzimmer sind zu fast 70 Prozent ausgebucht, auch zu den Jazz-Events und Winzermenüs sollte man sich vorsorglich anmelden. Alle vier Wochen kreiert Küchenchef Alexander Ramm mit seinem Team in der kleinen offenen Küche eine neue Speisefolge leichter regional und international inspirierter Gerichte, wobei selbst Urmecklenburgisches, wie der Gänsebraten – als Gänsekeule mit Äpfeln und Pflaumen gefüllt – die Leichtigkeit moderner Küche bekommt. Trotz aller Finessen der Barberie-Ente, die in etwa 30 Variationen als Klassiker immer wieder auf der Karte steht, weit und breit isst man nicht so gut Fisch wie im „Wilhelms". Dorsch, Scholle, Flunder und anderes heimisches Wassergetier liefert der Fischer aus dem nahen Rerik. Eine Delikatesse ist der seltene Saibling, ein forellenähnlicher Fisch mit wohlschmeckendem rosafarbenen Fleisch, der außer im Bodensee nur noch im Lassaner See bei Schwerin gezüchtet wird.

Hier bekommt man ihn gedünstet und gebraten, manchmal auch als Saibling-Wurst. Eine freundliche Geste des Hauses: Viele Gerichte können auch als Probier-Portionen bestellt werden. Die Weinkarte mit etwa 30 Positionen zeigt einen deutlichen Hang zu ausgewählten deutschen Tropfen. Vorzüglich schmeckt zu Lamm- oder Entenbraten beispielsweise ein 97/98er trockener Spätburgunder namens „Angiolino", ein deutscher, kraftvoller und im Ansatz zugleich samtener Tafelwein vom Weingut Lergenmüller und Söhne, Gewinner des Deutschen Rotweinpreises von 1992 bis 96. Die Auswahl wird in der Karte durch eine nuancierte Charakterisierung der einzelnen Weine erleichtert.

WILHELMS SEEZUNGENRÖLLCHEN

Zutaten für vier Personen:

8 kleine Seezungenfilets,
120 g Hummermousse,
150 g Spinatblätter,
1 x 450 g Hummer (lebend),
1 l Gemüsebrühe,
200 g Gemüse (Karotten, Lauch, Sellerie),
65 g ungesalzene Butter,
50 ml trockener Sherry,
200 ml Hummerfond,
15 g getrocknete Morcheln,
Salz und frisch gemahlener Pfeffer aus der Mühle,
2 gegarte Hummerscheren

Zubereitung:

Die Seezungenfilets mit einem Küchentuch trocknen. Filets leicht plattieren und mit Salz sowie frisch gemahlenem Pfeffer würzen. Die Filets mit einer dünnen Schicht Hummermousse bestreichen, darauf ein blanchiertes Spinatblatt legen und leicht andrücken. Vorgang wiederholen. Hummer mit dem Gemüse ca. 5 Min. garen. Hummerfleisch im Ganzen ausbrechen und längs in Viertel schneiden und für die Füllung als Herzstück verwenden. Filets in Küchenfolie einrollen und ca. 8 Min. dämpfen.

Gemüse mit 25 g Butter in einer bedeckten Kasserolle anschwitzen, dann auf dem Anrichtegeschirr platzieren. Die gegarten Seezungenröllchen in Tranchen schneiden und auf dem Gemüse anrichten. Mit der Hummersoße nappieren. Hummerscheren erhitzen und damit das fertige Gericht garnieren.

HUMMERMOUSSE

Zutaten:

50 g rohes Hummerfleisch,
1/2 Eiweiß,
100 ml Sahne,
1/4 Eigelb,
Salz und frisch gemahlener Pfeffer

Zubereitung:

Hummerfleisch mit Küchentuch trocknen. Mit Salz und Pfeffer würzen und für ca. 20 Min. kühl stellen. Danach das Hummerfleisch erneut abtrocknen, grob schneiden und durch ein feines Sieb in eine tiefgekühlte Schale passieren. Geschlagene Sahne, Eiweiß und Eigelb unterheben und würzen. Das Zubereitungsgeschirr muss während der Herstellung immer tiefgekühlt sein. Am Schluss das Mousse für ca. 25 Min. kühl stellen.

ORANGERIE

frohlockte da auch ein Feinschmecker-Guide und setzte dem Küchenteam für die köstlichen Kreationen die rote Kochmütze auf. Frische Produkte der Region und Rezepte der modernen Welt finden hier in herrlich lukullischer Leichtigkeit zueinander. Spiritus rector dieser mitunter kühnen kulinarischen Kompositionen aus heimischen Erzeugnissen ist Eurotoques-Koch René Zühr. In dem Küchenchef eines der besten Restaurants der Insel Rügen fand die Hausherrin des Kühlungsborner „Vier Jahreszeiten", selbst begeisterte Hobbyköchin, einen guten Berater. Noch vor wenigen Jahren war die Kölnerin Rosanne Höfer Chefsekretärin beim Wirtschaftsmagazin „Capital". Ihre Lust auf neue Aufgaben führte sie an die Ostseeküste. Aus der Liebe auf den ersten Blick wurde eine glückliche Liaison. Schon 2001, also bereits ein Jahr nach Wiedereröffnung der prächtigen Jugendstilvilla zwischen Dünen und Stadtwald, zählte das Haus zu den schönsten Schmuckstücken an der Perlenkette kleiner aber sehr feiner Hotels an der Ostseeküste. Die vier Säulen im Logo stehen für Individualität, Kultur, Genuss und Vitalität rundum. Diesen Anspruch verkörpert auch die extravagante Einrichtung der 40 Zimmer und Suiten die von mediterraner Moderne bis zum Jugend- und Empirestil reicht. Vielerlei sorgt hier für gute Schwingung in Körper, Seele und

ORANGERIE
IM HOTEL VIER JAHRESZEITEN

Ostseeallee 10
18255 Kühlungsborn
Telefon   038293-8770
Telefax   038293-877430
www.hotel-vier-jahreszeiten.de

Geöffnet:
Neueröffnung nach Umbau
ab Herbst 2002

In der gläsernen Küche des lichtdurchfluteten Jugendstilpavillons gart punktgenau der Donauwaller und gesellt sich alsbald zu gerahmtem Lauch, Auberginenchips, Darßer Ziegenkäse sowie köstlichem Früchtebrot. Tagliatelle vermählt sich mit Pflaumen und Bisdamitzer Käse. Das gebackene Landschwein kommt auf Erbspüree und Dörrpflaumen, die Perlhuhnbrust mit Trüffelhonig auf den Teller. Es ist wohl nicht übertrieben, das kulinarische Repertoire dieses Hauses als eines der Feinsten an der Ostseeküste zu bezeichnen. „Quel Surprise",

Geist. Manchmal sind es die köstlichen Kuchen, gebacken vom Zimmermädchen und gelernten Konditorin Simone, manchmal ein ausgedehnter Besuch im Wellness- und Fitnessbereich oder ein gutes Buch aus der hauseigenen Bibliothek. Als Mitsponsorin der Festspiele Mecklenburg-Vorpommern fördert Rosanne Höfer Kultur als Lebensart auch außerhalb des eigenen Hauses. Nur beim letzten Seifenkistenrennen musste sie passen – in der Frischeküche fand sich keine einzige der vom Veranstalter erbetenen Dosen.

SAFTIGE DORSCHBRATWURST MIT FRISCHKÄSE, GEBACKENES JÄGERSCHNITZEL VOM SPITZBEIN, ROTE BEETE & BRATAPFEL

Für 4 Personen

Zutaten:

1 Spitzbein ca. 600 g, Salz, Zwiebel, Lorbeerblätter, 2 Knoblauchzehen, 4 Gewürznelken, 1 Bund Moorkrause, 6-8 EL Essig, 50 g Paniermehl, 50 g Mehl, 1 Ei, 4 Knollen Rote Beete, 250 g Kartoffeln

Für die Dorschbratwurst:

20 g gezupfte Bronzefenchelspitzen, 250 g Dorschfilet, 200 g Schaffrischkäse, 50 g Sahne, Salz, Pfeffer, Muskat, Wermut, Naturdarm, Crash-Eis

Zubereitung:

Das Spitzbein am Vortag blanchieren, mit Zwiebel spicken und mit Lorbeer, Salz, Nelken sowie einer Knoblauchzehe in einen Topf mit kaltem Wasser geben, aufkochen lassen und abschäumen. Etwas Cidre-Essig und krause Petersilie hinzugeben und bei mittlerer Hitze ca. 3 Stunden garen lassen. Dann das abgekühlte Spitzbein aufklappen, von Knorpel und Knochen befreien und in einer Klarsichtfolie zu einer festen Rolle geformt in den Kühlschrank legen.
Am nächsten Tag das Spitzbein von der Folie befreien und in ca. 1 cm dicke Scheiben schneiden. Mit Mehl-Ei-Semmelmehl panieren und in Butter knusprig backen.

Für die Dorschbratwurst das Dorschfilet fein schneiden, pürieren und eine Farce herstellen. Kalte Sahne und den zerbröselten Frischkäse hinzugeben und nochmals pürieren. Farce durch ein feines Sieb streichen und auf Eis glatt rühren, bis die Masse glänzt und bindet. Salz, Pfeffer, Muskat, Bronzefenchel und einen Spritzer Wermut hinzugeben. Die Farce in den gewaschenen Naturdarm einfüllen und 4 Würstchen abbinden. Diese dann im Wasserbad ca. 10 Minuten pochieren und vor dem Servieren in Butter ausbacken.

Dazu reichen wir mit Zwiebeln in Butter glasierte Rote Beete und in Salzwasser und Kümmel bissfest gekochte sowie in Butter angeröstete ungeschälte Pellkartoffeln.

Nationalpark Vorpommersche Boddenlandschaft, Meinigenbrücke

Weiße, schier unendliche Strände, dunkle Wälder und verträumte Orte, die schon um die vorletzte Jahrhundertwende Künstler in ihren Bann zogen, prägen die 60 Kilometer lange Halbinsel östlich von Rostock. Das Land unterm Wind, umarmt von Bodden und Meer, zerklüftet, bizarr, von herber Schönheit ist stets in Bewegung. Was Wind und Wasser im Westen von der Küste reißen, landet im Osten am Darßer Ort wieder an. Die Inseln Bock vor Zingst und Hiddensee wären längst schon zusammengewachsen, würde man nicht die Schifffahrtsrinne dazwischen künstlich offen halten. Doch nicht nur Meer und Sturm zernagen die Küste des ohnehin an mancher Stelle nur wenige hundert Meter schmalen Fischlandes. Im Winter reißt gefrierendes Quellwasser tiefe Risse in die hohen Ufer. Fröhliche Uferschwalben perforieren mit ihren zahllosen Nestern die brüchige Steilwand. Die Pflänzchen des wogenden Dünengrases, mühsam per Hand gepflanzt, bedürfen Schutz vor grobem Urlauberfuß. Konnten vor noch nicht allzu langer Zeit die Abstände der Sturmfluten in Jahrzehnten gemessen werden, ähnelt heute jede Badesaison einer „mittleren Sturmflut". Die drei Halbinselteile Fischland, Darß und Zingst waren einst eigenständige Inseln, bis man um 1500 die trennenden Wasserstraßen der Recknitz, ausbaufähige Durchfahrten für Kriegs- und Handelsschiffe, mittels ausgedienter Schiffe verlanden ließ. Heute muss man es wissen, um zu sehen: Dort, wo auf schmalem Landstrich zwischen Bodden und Meer ein Windrad auf dem Dünenwall steht, beginnt das Fischland. Sein Hauptort, das alte Fischer- und Schifferdorf Wustrow,

ist längst ein gemütliches Ostsee-
bad. Zwischen Strand und Hafen
flanieren die Gäste vorbei an alten
Kapitänshäusern und typischen
Fischländer Häusern mit rohrge-
decktem Kröpelwalmdach und
zweigeteilter Klöhntür. Keck reckt
der Kirchturm auf einem alten
wendischen Burgwall seine rote
Spitze in den Himmel. Vom Um-
gang hoch oben hat man die
schönste Aussicht. Unten entfaltet
das Fischland seine Seele. Auf
einem Landzipfel versteckt liegt
Barnstorf mit den wohl schönsten
Gehöften des Fischlandes. Im Hafen
wiegen sich majestätisch die rot-
braunen Segel der Zeesenboote, alte
Fischerboote, die zum Ausflug auf
den Bodden einladen.
3,5 Kilometer lang ist ein Spaziergang über das Hochufer zum be-

rühmtesten Ort dieser Halbinsel. Ahrenshoop auf dem Vordarß war einst ein armes
Fischerdorf, in dem sich 1892 der Land-
schaftsmaler Paul Müller-Kempff niederließ.

Fortan gedieh es zur Künstlerkolonie, deren
Hochzeit mit dem Ersten Weltkrieg zu Ende
ging. Weit über hundert Künstler haben in
zu dieser Zeit in Ahrenshoop gelebt und
gearbeitet. Nie war man hier ganz so stupi-
de sonnensüchtig, wie in anderen Ferien-
orten. In den Dünen saßen die „Malweiber"
mit ihrem Staffeleien und studierten die
Natur. Noch heute ist Ahrenshoop mit zahlreichen Galerien und Kunsthäusern das kulturelle Zentrum der Halbinsel. Die ehemalige Malschule von Paul Müller-Kempff ist
als Haus Lukas inzwischen ein Künstlerhaus
der Stiftung Kulturfond. Das einstige Atelier
der Malerin Elisabeth von Eiken wurde zum
kunstvollen Hotel. Auf der Halbinsel Fischland-Darß-Zingst gehen Kultur und Natur
eine bemerkenswerte Symbiose ein. Gleich
hinter Ahrenshoop wächst der wilde Darßwald, Herzstück des mit 805 Quadratkilo-
metern größten Nationalparkes der Neuen
Bundesländer. Nur mit dem Rad, zu Fuß
oder per Droschke kann man dieses Naturparadies durchqueren. Die Wege zum wind-
zerzausten Weststrand oder an die Nordspitze der Halbinsel, zum Darßer Ort mit
dem ältesten Leuchtfeuer Mecklenburg-
Vorpommerns und einem naturkundlichen
Museum, säumen mannshoher Adlerfarn
und goldgelber Ginster. Efeu und Geißblatt
umschlingen die uralten Kiefernstämme.

Dunkel durchziehen Wassergräben – Brutstätten der berüchtigten, weil in Milliardenzahlen auftretenden Darßer Stechmücken – den Wald. Im Frühjahr breiten sich leuchtende Blütenteppiche von Anemonen, Siebenstern, Maiglöckchen und Sternmiere aus. Hier findet die gestresste Großstadtseele noch Labung in Einsamkeit.

Der geselligste und zugleich größte Ort der Halbinsel ist Zingst – ein stattliches Familienbad mit Beach-Olympiaden und Kurkonzerten. Doch im Herbst wird auch Zingst zur Bühne eines ganz besonderen Naturschauspiels: Hunderte Kraniche machen hier vor ihrer Reise in den Süden Rast. Wenn das Trompeten dieses archaisch anmutenden Vogels ertönt, strömen die Kranichtouristen vor allem zum Boddendeich. Kaum ein

Zingster Bootsbesitzer, der sich in diesen Tagen nicht für abendliche Touren auf dem Barther Bodden, rund um die Vogelinsel Kirr anbietet.

Seite 46 o.l.: Töpferarbeit in Ahrenshoop
Seite 46 u.l.: Vollmond auf dem Darß
Seite 47 o.r.: Borner Bülten, Darß
Seite 47 u.r.: Ahrenshoop

FISCHER'S FRITZE

FISCHER'S FRITZE
IM COURTYARD BY MARRIOTT

KRÖPELINER/SCHWAANSCHE STRASSE 6
18055 ROSTOCK
TELEFON   0381-49700
TELEFAX   0381-4970700
WWW.COURTYARD.COM

GEÖFFNET:
TÄGLICH 6.30–10.30 UHR,
12–15 UND 18–24 UHR

Pastellfarbene Wände und Fenstervorhänge, Stühle und Tische aus Kirschholz. Das Ambiente des Restaurants im zweiten Obergeschoss des Coutyard by Marriott ist edel. Eine Oase der Entspannung inmitten der Rostocker Innenstadt. Vor den Fenstern zeigt sich Giebel für Giebel eine prachtvolle Parade hanseatischer Bautradition vom mittelalterlichen Kaufmannshaus bis zum modernenNeubau. Geschäftiges Treiben auf der Einkaufsmeile. Das Restaurant „Fischer's Fritze" ist in das Einkaufszentrum „Rostocker Hof" integriert, es liegt an der turbulenten Flaniermeile zwischen Kröpeliner Tor und Neuem Markt. Dieser älteste Bummelboulevard Ostdeutschlands ist das urbane Le-

benszentrum von Rostock. Der mit zwanzig tollenden Bronzefiguren originellste Brunnen und die mit einem Glockenspiele versehene gerühmteste Lückenbebauung der Nachkriegszeit stehen hier. Die vielgestaltigen Hausformen sind Bilderbuch Rostocker Baugeschichte. Hinter der Fassade des gründerzeitlichen Rostocker Hofes haben sich der gläserne Technopalast des Einkaufszentrums und der Neubau des Nobelhotels bis in den Schatten der strengen Gemäuer des Michaelisklosters geschoben. Tradition trifft auf Moderne. Das lässt sich auch über die Küche des Hotelrestaurants sagen. In der Showküche werden exzellente Fischgerichte zubereitet. Zu den gebratenen Fischmedaillons gesellen sich in typisch mecklenburgischer Art Bratkartoffeln und eine senfige Soße, doch geben knackige Gemüse und der Dijon-Senfrahm dem Ganzen moderne Leichtigkeit. Die „Rostocker Fischpfanne" ist ebenso begehrt wie die Fisch-

suppe „Fischer's Fritze", Edelfische in aromatisierter Tomatenkraftbrühe. Der Fisch auf den Tellern im „Fischer's Fritze" stammt aus vielen Wassern der Erde. Man kann Viktoriabarsch oder Atlantiksteinbutt essen – mal in einem Nest von Sojakeimlingen, mal auf Garnelenragout und Blattspinat serviert – aber auch heimischen Fisch. Wie das Zanderfilet in Olivenkruste auf Chicorée-Tomatengemüse wird er oft mediterran veredelt.

Der Name des Restaurants aber kündet nicht nur den Fisch als das Hauptthema der Küche an. Der altbekannte Zungenbrecher betont als Slogan des Hauses das Wort Frische. „Fischers Fritze fischt frische …". Gemeint ist natürlich die Frische aller Produkte. Das gilt auch für die Zutaten zur rosa gebratenen Entenbrust auf Wacholdersoße, Rahmsauerkraut und Schupfnudeln oder zu den Filets vom Lammrücken mit Estragonsoße und Ratatouillegemüse.

ROSTOCKER FISCHSUPPE

Für 4 Personen

Zutaten:

1 l Wasser,
Fischkarkassen ohne Haut

Zubereitung:

Fischkarkassen mit kaltem Wasser waschen und in Butterschmalz andünsten. Helles Wurzelgemüse (Zwiebel, Fenchel, Sellerie, Petersilienwurzel), Weißwein, Lorbeerblätter, Nelken, Tomate, Dill, Ostseefisch (Dorsch, Lachs, Scholle), Suppengemüse (Karotten, Lauch, Sellerie, Zucchini) hinzufügen und kurz mitdünsten. Eine gepickte Zwiebel dazugeben und mit Weißwein ablöschen. Nun Lorbeerblätter, Nelken und evtl. das Innere von Tomaten zugeben, mit Salz und gestoßenem weißen Pfeffer abschmecken und mit Wasser auffüllen. Erst aufkochen, abschäumen und schließlich nur noch ziehen lassen. Brühe grundsätzlich drei Mal passieren (Spitzsieb, Haarsieb, Tuch). Während der gesamten Garzeit darf das Abschäumen, Abfetten und die Topfrandpflege nicht vergessen werden. Evtl. Safranfäden zugeben. Garzeit ca. 30-40 Minuten. Als Suppeneinlage den Ostseefisch in gleich große Stücke schneiden. Karotten, Lauch, Sellerie und Zucchini ebenfalls in gleich große Streifen zerteilen und einige wenige Tomatenwürfel zugeben. Die Fischbrühe mit Fisch und Gemüse anrichten. Zum Schluss mit einem Sträußchen Dill garnieren und Kräuterweißbrot rösten.

ATLAS

ATLAS

DOBERANER STRASSE 147
18057 ROSTOCK
TELEFON   0381-2009401
TELEFAX   0381-4920320

GEÖFFNET:
MONTAG BIS SAMSTAG AB 17 UHR

„Eine schwere Bürde trägt Atlas, der das Himmelsgewölbe auf seinen Nacken stemmen musste, während er im heiligen Garten die Äpfel der Hesperiden bewachen sollte – was ihm misslang, denn Herakles entführte die Früchte… Seitdem ist Atlas auf der Suche nach dem verlorenen Schatz und lässt keine Spur aus. Als er kürzlich dieses nach ihm benannte Restaurant entdeckte, wähnte er sich schließlich am Ziel: Denn was ihm serviert wurde, war in der Tat so paradiesisch, dass er sich nichts sehnlicher wünschte, als dass ihm das Schicksal von einst erspart bliebe und er nicht beim Anblick des Kopfes der Medusa bereits frühzeitig erstarren würde, sondern ihm wenigstens Zeit bliebe bis nach dem Verzehr des Desserts." Im Grunde ist dieser poetischen Schwärmerei des Dr. Niels Kremer in dem Büchlein „gastronomische

Tipps von Ärzten" wenig hinzuzufügen. Doch sei konkretisiert, womit Küchenchef Markus Vollweiler selbst dem Gaumen eines mythischen Feinschmeckers schmeichelte. Beginnen Sie mit dem getrüffelten Kürbissüppchen, wählen dann den Spieß von Riesengarnelen und Shi-Take-Pilzen – und als Hauptgang die Medaillons vom Känguru im Parmaschinken-Salbei-Mantel, zum Schluss eine PannaCotta – und Sie wissen, was die Patronin Yvonne Brunner meint, wenn sie von ihrem Etablissement als „Fenster zur kulinarischen Welt" spricht. 1999 hat Yvonne Brunner das Gourmetrestaurant eröffnet. Doch die gastronomische Karriere der Rostockerin begann schon einige Jahre zuvor mit der Schaffung eines der beliebtesten Rostocker Szenelokale. Bald wollte sie mehr. Für ihre hohen Ansprüche an Gastronomie fand sie schließlich in

Küchenchef Markus Vollweiler, der zuvor in guten Schweizer Häusern kochte, den idealen Partner. Er lebt und kocht gern mit den Jahreszeiten. Ist die Sommerkarte eher mediterran geprägt, stehen am Ende des Jahres regionale Gerichte mit Produkten von Bio-Bauern aus der Umgebung auf dem Speiseplan. So viel Kreativität und Qualitätsbewusstsein haben natürlich auch ihren Preis. Für ein Hauptgericht sollte man schon mit 18 bis 23 Euro rechnen. Der terrakottafarbene Raum mit großen Spiegeln und Kerzenlicht verzichtet bewusst auf Maritimelei und sonstiges populäres Geziere – er ist gleichsam großstädtisch und gemütlich. Die Wände sind stets mit Bildern moderner Künstler geschmückt. Zum Verkauf ausgepreist, sind sie ebenso wenig nur Dekoration, wie das Klavier, an dem oft Studenten der Musikhochschule musizieren. Hier wird eben allen Sinnen Gutes geboten. Zu Atlas gesellt sich übrigens gerne auch

Bacchus. Viele gute Weine hauptsächlich aus Frankreich, Italien und Deutschland stehen auf der Karte. Aber auch der 99er Sauvignon blanc, ein bulgarischer Spitzenwein und ein herrlicher rubinroter Shiraz aus Australien.

ℛOSTOCK

Scheibe von der Kalbshaxe, geschmort in Dunkelbier und Gemüse mit gebratenen Kalbsmedaillon-Gremolata

Für 4 Personen

Zutaten:

4 Medaillons vom Kalbsfilet à ca. 80 g, 4 dicke Scheiben Kalbshaxe, Salz, schwarzer Pfeffer, 4 EL Mehl, 8 EL Oliven, 1 Lorbeerblatt, 70 g Butter, 4 Gemüsezwiebeln, 40 g Tomatenmark, 2 Knoblauchzehen, 3 Karotten, 1 kleine Knolle Sellerie, unbehandelte Schale von 2 Zitronen, 200 ml Schwarzbier, 200 ml Fleischbrühe, 3 Rispen Tomaten, je 1 Zweig Thymian und Majoran, 2 Lorbeerblätter

Gremolata: 4 Knoblauchzehen, 2 EL gehackte Petersilie, 1 TL Thymian, abgeriebene Schale einer unbehandelten Zitrone

Zubereitung:

Kalbshaxen mit Salz und Pfeffer würzen und in Mehl wenden. Öl in der Schmorpfanne erhitzen und die Kalbsscheiben anbraten. Zwiebeln, Knoblauch und Sellerie in feine Würfel schneiden, zu den Kalbsscheiben geben und unter Rühren andünsten. Thymian und Majoran sowie die Zitronenschale zugeben und mit Schwarzbier und Brühe ablöschen. Tomaten enthäuten, entkernen, würfeln und in den Schmortopf geben. Alles gut durchrühren und bei mittlerer Hitze ca. 90 Minuten schmoren. Für die Gremolata Knoblauch fein hacken und mit abgeriebener Zitronenschale und den Kräutern mischen. Kalbsmedaillons anbraten und bei 180 °C im Ofen garen. Kalbsmedaillons und Kalbsscheiben mit Gremolata bestreuen und gratinieren, auf dem Teller mit der Soße servieren.

Amberg 13

Amberg 13

Amberg 13
18055 Rostock
Telefon   0381-4906262
Telefax   0381-4906260
www.altstadtrestaurant.de

Geöffnet:
Täglich ab 17 Uhr

$\mathcal{D}$er hohe Spitzhelm der Petrikirche, Landmarke der Seefahrer und Reformatoren, wie des hier einst im unmissverständlichen Plattdeutsch predigenden Joachim Slüter, markiert den ältesten Stadtteil Rostocks. In den engen Straßen und Gassen mit spätgotischen Speichern und Wohnhäusern hat die Hansestadt viel vom Alt-Rostocker Flair behalten. Zusehend wird die östliche Altstadt zu einem der interessantesten Wohnviertel von Rostock saniert. Auch immer mehr Reisende zieht es an die sowohl kulturhistorisch als auch kulinarisch bemerkenswerten Stätten dieser Gegend, nur wenige Schritte hinter dem Rostocker historischen Rathaus. Seit wenigen Jahren steuern hier zwei bis dato seefahrende Küchenmeister ihr Schiff durch die gastronomischen Untiefen dieser Zeit. Mutig sind Steffen Bölte und Dirk Böttcher am 1. September 1999 in dem gemütlichen Hofrestaurant gleich unterhalb der Petrikirche vor Anker gegangen. Schon nach einem Jahr aber hatten sie so viel Wind in den Segeln, dass sie einen weiteren kochkundigen Seefahrer als Chefkoch einstellen konnten. Mit ihrer feinen mediterranen Küche befinden sie sich jetzt auf Erfolgskurs. Zu dritt holen sie die große weite Welt in das mit blauen Tuchbahnen am Himmel bespannte Restaurant. Es hat 38 Plätze, im Sommer finden 24 Gäste auf der Terrasse Platz. Fähnchen auf einer Landkarte markieren all die Orte, die das Trio seefahrender Weise gesehen hat. Ihre Erinnerungen an jene Zeit sind immer auch kulinarischer Art und finden sich nicht nur im „Weltenbummlermenü" – mit Minestrone, französischer Wildente und gebackenen spanischen Feigen – wieder. Noch heute hantieren sie gerne mit exotischen Fischen. Auf Bestellung servieren sie Blauhai und Papageienfisch oder

bereiten den Degenfisch zu, wie sie ihn un-
längst noch auf Madeira gegessen haben.
Mit der Zubereitung von Wassertieren sind
die ehemaligen Seeleute in ihrem Element.
Zu empfehlen sind die mit Thunfischcreme
und Jacobsmuscheln gefüllten Röllchen
vom Grenadierfisch, serviert mit Zuckerschoten und Kartoffeln in Trüffelrahm.
Davor vielleicht ein legiertes Süppchen von
Tiefseegarnelen mit Gemüseperlen und
Noily Prat? Natürlich landet bei ihnen auch
heimischer Fisch in Topf und Pfanne, um
wie das in einer Basilikum-Eihülle gebratene Filet vom Wels mit Blattspinat und
Gnocchi in Gorgonzolarahm dann auf dem
Teller südliches Flair zu verbreiten. Alles ist
so frisch, wie man es dem Fisch, der noch
im rohen Zustand vom Gast ausgewählt
wird, ansehen kann.

Wer die Fleisch von Vierfüßlern bevorzugt,
sollte unbedingt das mit Speck umwickelte
Steak vom Rinderfilet auf einem Ragout
vom Ochsenschwanz probieren. Dirk Böttcher ist ein Meister der süßen Verführung,
die am Jahresende in Lebkuchen-Tiramisu
und geeisten Christstollen mit Hagebutten-
soße und gerösteten Mandeln gipfelt.

Geeister Nougatschaum mit Maracujasosse und Kapstachelbeeren

Für 6 Personen

Zutaten:

30 Kapstachelbeeren (Physalis),
frische Minze
Für den Nougatschaum:
300 g Nougat, 150 g Vollmilchschoko-
lade, 6 cl Rum, 1 Tüte Vanillezucker,
3 Eier, 1 EL Zucker, 250 ml Sahne steif
geschlagen
Für die Maracujasoße:
3 Maracujas, 100 ml Orangensaft,
50 ml Maracujasaft, 1 EL Zucker,
1 EL Stärke, 1 Spritzer Zitronensaft,
Mark einer halben Vanilleschote

Zubereitung:

Nougat und Schokolade in einer Schale
im warmen Wasserbad schmelzen
lassen. Die Eigelbe mit dem Zucker,
Vanillezucker und 2 cl Rum über
einem warmen Wasserbad schaumig
schlagen. Den Schaum in Eiswasser
kalt rühren, dann die geschmolzene
Nougat-Schokoladenmasse und 4 cl
Rum unterheben. Nun die 3 Eiklar
steif schlagen. Zuerst die Schlagsahne,
dann das Eiweiß vorsichtig unter die
Masse heben. Eine Terrinenform oder
geeignete Kuchenform mit Klarsichtfolie auslegen, die Masse einfüllen
und ca. 8 Stunden einfrieren.
Für die Maracujasoße die Früchte
durchschneiden, mit einem Löffel das
Fruchtfleisch und die Kerne herauslösen und mit Orangensaft, Zucker
und Vanillemark aufkochen. Den ent-
standenen Saft mit Stärke binden und
kalt stellen. Später den Maracujasirup
und den Spritzer Zitrone hinzugeben
und mit einem Schneebesen verrühren.

STRANDHOTEL FISCHLAND

auf der Halbinsel. Für das leibliche Wohl der Gäste in diesem Haus sorgt Küchenchef Kai Kretzschmer. Die Speisen spiegeln den Weg des jungen Kochs durch die Küchen der Schweiz bis nach Sylt wider. Da gibt es die Scholle „Büsumer Art" mit Nordseekrabben, die mit Ricotta und Spinat gefüllten Ravioli und Fischland-Zander. Das Schweinegeschnetzelte kommt schön scharf mit Knoblauch, Chili, Zwiebeln, Paprika und roter Curry-Kokusnusssoße auf den Teller. Fisch aber spielt auf der Karte des Restaurants im Strandhotel Fischland die größte Rolle. Besonderer Beliebtheit erfreuen sich bei den Gästen das italienische Büfett und das traditionelle Fischbüffet. Mit den 70 Positionen der Weinkarte wird dem Gaumen eine Reise durch viele Länder der Erde angeboten. Auf der Sonnenterrasse des Wintergartens wird leckerer hausgebackener Kuchen serviert, und einmal in der Woche wird im Dünenwald vor dem Strandhotel ganz rustikal gespeist. In der reetgedeckten Grillsenke kann man auf dem Grill Scampispieße, Kammsteaks, Ofenkartoffeln oder Filetsteaks garen sehen. Auch Fisch und Wildschwein

𝓗aben Sie schon immer davon geträumt, einmal vom Bett aus direkt auf das Meer zu schauen, warm eingekuschelt zu beobachten, wie Wind über die Kronen der Kiefern fegt und die starken Bäume zu Windflüchtern formt? Das in den naturgeschützten Dünenwald der Halbinsel Fischland-Darß-Zingst hineingewachsene Strandhotel Fischland bietet Ihnen diese Gelegenheit gleich mehrfach. Selten kann man an der Ostseeküste direkt am Meer logieren, umgeben von einem 26 000 Quadratmeter großen naturbelassenen Hotelpark, Kiefernwäldern und einem weißen, feinen Sandstrand. Alles hier atmet Großzügigkeit. Die Ferienhäuser und Ferienwohnungen im Hotelpark ebenso wie die komfortabel geschnittenen und stilsicher eingerichteten Zimmer, Appartements und Suiten, durch deren Panoramafenster man dem Himmel und dem Meer so nahe ist. Seit 1997, nach umfangreichen Sanierungs- und Modernisierungsmaßnahmen, zählt das Strandhotel Fischland zu den Top-Adressen

STRANDHOTEL FISCHLAND

ERNST-MORITZ-ARNDT-STRASSE 6
18347 DIERHAGEN
TELEFON 03 82 26 - 5 20
TELEFAX 03 82 26 - 5 29 99
WWW.STRANDHOTEL-FISCHLAND.DE

ÖFFNUNGSZEITEN RESTAURANT:
TÄGLICH AB 12 UHR

Dierhagen

Kaninchenfilet mit Rucola

Für 4 Personen

Zutaten:

720 g Kaninchenfilet,
Salz,
Pfeffer,
Rosmarinöl,
160 g Rucola,
Salz,
Pfeffer,
Olivenöl,
Trüffelöl,
Balsamicoessig,
3 tournierte Kartoffeln

Zubereitung:

Am Vortag das Kaninchenfilet schräg in 1 cm dicke Scheiben schneiden, mit Salz, Pfeffer und Rosmarinöl marinieren.
Das marinierte Kaninchenfilet mit Olivenöl anbraten. Den Rucola, die tournierten Kartoffeln und das Kaninchenfilet auf einem Teller anrichten und mit Balsamicoessig und Trüffelöl beträufeln.

gehören zum Angebot. Voller Romantik ist ein abendliche Menü, serviert am Strand, pünktlich zum Sonnenuntergang.

Einen Ausgleich zum ausgiebigen Schlemmen finden man in der Fischland-Oase des Strandhotels. Hier kann man wunderbar im Schwimmbad, im Kosmetik- und Massagestudio oder in der großzügigen Saunalandschaft mit Dampfsauna, finnischer Sauna, Tekladarium und in einer, in dieser Region einmaligen Strandsauna mit direktem Zu-

gang zur Ostsee entspannen. Den Aktiven stehen ein Fitnessstudio, ein Fahrradverleih aber auch eine Tennishalle mit zwei Tennisplätzen und vier Badmintoncourts sowie zwei Tennisaußenplätze samt hauseigenem lizensierten Tennistrainer zur Verfügung. Für Kinder gibt es direkt neben dem Restaurant ein Spielzimmer und auf dem Gelände einen Spielplatz. In der Hochsaison betreuen Animateure die großen und kleinen Kinder.

ELISABETH VON EICKEN

auch die lang gestreckten Holzleiber des Bildhauers Stefan Hübscher im Skulpturengarten. Drinnen leise Musik, draußen das Rauschen des Meeres. Dazu kocht Torsten Gierke, einer der Topköche des Nordens, international inspirierte leichte Gerichte. Freundliche Feen in laszivem Schwarz, ein kunstvoller Kontrast zum hellen Ambiente, servieren edle Weine.

Dieses Haus ist eine gelungene Symbiose vieler Genüsse. Selbst wer hier einfach nur ein Zimmer mieten will, findet sich in einem Gesamtkunstwerk wieder. Die sechs völlig verschieden eingerichteten Goasträume des Hauses wurden von Künstlern wie Elvira Bach oder Gerd Mackensen gestaltet, die der Kunstwelt längst nicht mehr unbekannt sind. Noch mehr zeitgenössische Kunst kann man in der Galerie im Obergeschoss des Hauses genießen. Hier malte einst auch Elisabeth von Eicken ihre zarten, stimmungsvollen Ahrenshooper Landschaften. Sie war eine der vielen „Malweiber", die um die Jahrhundertwende mit Karren und Staffelei durch die Gegend zogen. 1898 ließ sie sich an der Dorfstraße, nur knapp hundert Schritte vom Meer entfernt, das weiße holzverschalte Haus erbauen. Seitdem war dieser eigenwillig elegante Bau Kulturstätte. 1997 erwarben die heutigen Hausherren das Gebäude von den Enkeln der

ELISABETH VON EICKEN
HOTEL - RESTAURANT - GALERIE

DORFSTRASSE 39
18374 AHRENSHOOP
TELEFON   03 82 20 - 69 90
TELEFAX   03 82 20 - 699 24
WWW.ELISABETHVONEICKEN.DE

GEÖFFNET:
AB OSTERN BIS ZUM 31. OKTOBER 12-18 UHR BISTRO, 18-23 UHR RESTAURANT.
IM WINTER 18-22 UHR, SA/SO AB 9 UHR, DI RUHETAG
(MÖGLICHE WEITERE RUHETAGE IN DER WOCHE TELEFONISCH ERFRAGEN).

𝕴m Haus Elisabeth von Eicken hat die kulturelle Tradition der alten Künstlerkolonie eine moderne Fortsetzung gefunden. Drei Braunschweiger, die Galeristin Sabine Peters-Barenbrock sowie die beiden Architekten Ralph Barenbrock und Helmut E. Simon haben vor wenigen Jahren die denkmalgeschützte Jugendstilvilla dicht hinterm Deich sorgfältig restauriert. Der Speisesaal, in dem einst die Berliner Malerin Elisabeth von Eicken ihre Gäste zum Essen empfing, ist heute ein schlichter und doch behaglicher Restaurantraum, der seine Fortsetzung in einem lichten Wintergarten findet. Hier sitzt man auf bequemen Loom-Sesseln fast im Grünen. Vor den großen Fenstern wiegt der Wind nicht nur die Kronen der großen alten Ahornbäume, sondern

56

Malerin, die 1940 auf dem Ahrenshooper Friedhof letzte Heimstatt fand.

Dieses Haus war den drei Städtern Liebe auf dem ersten Blick. Gekonnt erweckten sie den alten Charme – ohne Schnickschnack und Nostalgie. Jeden Tag erfindet Torsten Gierke entsprechend dem Angebot frischer Produkte eine neue Speisenfolge. Mit seiner spielerischen Lust am Kochen ist er der ideale Küchenmeister für dieses kreative Haus, das Gault Millau mit einer Kochmütze belohnte. Fisch und Geflügel sind die Favoriten der Karte. Den Rucolasalat vorweg würzt köstlich ein 13 Jahre alter Balsamicoessig. Danach vielleicht ein Cappuccino von der Wildente mit Leberravioli oder doch die Lasagne vom Zander mit Blattspinat in Safranbutter? Zum Dessert die gratinierten Feigen mit hausgemachten Honig-Lavendel-Eis oder den Rügener Käse vom Hofgut Bisdamitz mit Nüssen, Kernen und Birnen? Die Wahl fällt schwer. Viele der Produkte stammen aus ökologischem Anbau, den

Fisch liefert Fischer Östreich aus dem benachbarten Wustrow. Heimisches ist die Grundlage für Gerichte, in denen sich die Reiselust des jungen Kochs (Jahrgang 1970) widerspiegelt. Torsten Gierke fuhr unter anderem als Chefkoch etliche Törns auf dem ehemaligen Traumschiff „MS Berlin" und auf dem Dreimaster „Lili Marlen". Lecker schmeckt zu pommerscher Ente der asiatische Gemüsestrudel: Steckrübe, Karotte, rote Zwiebel und frisches Zwiebellauch, gewürzt mit frischem Chili und Ingwer, in knusprigen Brickteig. Man sollte sich aber auch nicht das hausgemachte Portweineis in der Honigwabe (à la Witzigmann) mit Beerenragout entgehen lassen.

LASAGNE VOM BODDENZANDER MIT BLATTSPINAT UND SAFRANSCHAUM

Zutaten für vier Personen:

Nudelteig: 250 g Mehl, 50 g Hartweizengrieß, 3 Eigelb, 4 Volleier, 1 EL Olivenöl, 1 Prise Salz, 4 Zanderfilets ca. 800 g ohne Gräten mit Haut, 500 g Blattspinat, 1 rote Zwiebel, 1 Knoblauchzehe, 4 Fleischtomaten, 0,25 l Fischvelouté, 70 g Butter, 0,5 g Safranfäden, 4 lange Rosmarinzweige

Zubereitung:

Das Mehl zusammen mit den anderen Zutaten zu einem geschmeidigen Teig kneten und für eine Stunde im Kühlschrank ruhen lassen. In der Zwischenzeit den Blattspinat waschen und von den Stielen befreien, in kochendem Wasser blanchieren und in Eiswasser abkühlen. Die Tomaten ebenfalls für ca. 10 Sekunden in kochendem Wasser blanchieren und in Eiswasser abkühlen, dann schälen, vierteln und die Kerne herauslösen. Den Nudelteig mehrmals durch die Nudelmaschine drehen bis man bei Stufe 1 angekommen ist. Aus den Nudelplatten nun 12 ca. 11 cm große Kreise ausstechen und in Salzwasser 3 Minuten kochen. Die Zwiebel in kleine Würfel schneiden und mit 20 g Butter anschwitzen, den Spinat dazugeben und mit Salz, Pfeffer, Muskat und Knoblauch würzen. Die Zanderfilets in jeweils drei gleiche Stücke schneiden und auf der Hautseite in heißem Öl braten. Die Velouté zusammen mit dem Safran erhitzen und die restliche kalte Butter unterrühren. Zuletzt die Tomaten mit Salz und Pfeffer aus der Mühle würzen und im Ofen vorsichtig erwärmen.

Anrichten:

Zuerst ein wenig Spinat in die Mitte des Tellers geben, darauf ein Stück Zander und ein Nudelblatt legen. Diesen Vorgang dreimal wiederholen. Zum Schluss den Rosmarinzweig von oben in die Lasagne stecken, mit Tomaten und Safranschaum garnieren.

ZUM WEISSEN HIRSCH

ZUM WEISSEN HIRSCH

Elke Neugebauer
Chausseestrasse 28
18375 Born
Telefon und Fax 038234-435

Geöffnet:
In der Saison täglich 10–24 Uhr,
von Oktober bis April 12–24 Uhr,
Dienstag und Mittwoch Ruhetag.

Gleich hinter Ahrenshoop taucht die Chaussee in den dichten Darßwald ein und schlängelt sich acht Kilometer weit bis nach Born im Herzstück der Halbinsel Fischland-Darß-Zingst. Jahrzehntelang Jagdgebiet diverser Staatsmänner, wuchert heute der Urwald als Teil des Nationalparks Vorpommersche Boddenlandschaft bis dicht an die wild-romantische Westküste. In entgegengesetzter Himmelsrichtung liegt in seinem Windschatten das Dorf. Etwa sechs Kilometer vom Meer entfernt, eingekuschelt zwischen Darßwald und Bodden, ist Born ein Geheimtipp für Wanderer, Radler und Reiter. Liebhaber alles Natürlichen kommen aber auch in dem Gasthaus an der katzenkopfbuckligen Dorfstraße zu einem ganz besonderen Genuss. Im „Weißen Hirsch" wird eine konsequent frische, regionale

Küche aus zumeist ökologisch angebauten Produkten kreiert. Als Elke Neubauer 1999 das in den 30er Jahren erbaute Haus übernahm, fuhr sie durch das ganze Land, um für ihr Programm geeignete Grundlagen zu suchen: für Käse, Quark und Wurstspezialitäten auf die Insel Rügen, für Brot zum Ökohof Krummendorf, für Rindfleisch zum Demeterhof in Zandershagen und für Wildkräuter nach Boltenhagen. Nur für die Weinkarte ist die junge Wirtin etwas weiter gereist und kehrte mit edlen Tropfen aus dem Badischen, von der Mosel und aus Rhein-Hessen zurück.
Inzwischen ist allein der Wildkräutersalat vom „Weißem Hirsch" Legende. Die beiden Köche Karl-Heinz Sensen und Michael Wlocka sind Meister des grünen Gaumens. Lange haben sie probiert, wie ein heimi-

sches Kräutlein zum anderen passt, denn egal ob junge Lindenblätter, Brennnessel oder Vogelmiere – auf die richtige Mischung kommt es an. In der rustikalen Wirtsstube mit den gescheuerten Dielen, der Kieferholz-Endlosbank und den derben Holztischen wird natürlich auch Deftiges serviert. Beispielsweise ein geschmortes Zicklein vom Biobauer Jan Brauer aus Daskow. Je nach Angebot frischer Waren verändert sich die Karte. Kann der Fischer nicht aufs Wasser, dann gibt es keinen Fisch, dafür aber mehr Wild. Immer auf der Karte steht der Mecklenburger Rippenbraten mit Äpfeln und Backpflaumen. Ihm folgen auf der Beliebtheitsskala der Zander, beispielsweise gebraten auf Sanddorn- und Tomatensoße und der Hirschkalbsrücken in der Hanfkruste. Sanddorn und Hanf sind die Highlights der Küche. Überall an der Küste kann man die orangeroten Perlen des Sanddorns, der sechsmal mehr Vitamin C enthält als die Zitrone, leuchten sehen. Hier kommt er als Saft, der mit einem Schuss Sanddorngeist einen köstlichen Grog abgibt, auf den Tisch; hier wird er zu raffinierten Soßen, Dressings und Desserts verarbeitet. Der Hanf ist im Gegensatz zum Sanddorn ein Novum als Nahrungsmittel. Dabei ist er nicht nur äußerst bekömmlich, sondern mit seiner nussigen Soße auch sehr schmackhaft. Als gerösteter Hanfsamen in Sauerampfersuppe, als Öl, Mehl oder Schrot verleiht er Vorspeisen, vielen Fleisch- und Fischgerichten

sowie etlichen Desserts ein ganz besonderes Aroma. Rauschartige Wirkungen sind nicht zu befürchten. Sein hoher Anteil an essentiellen Fett- und Aminosäuren macht ihn nahrhaft und gesund. Ralf Hiemer, der heute gemeinsam mit Olaf Schnelle in Botenhagen als Gärtner der „Essbaren Landschaften" das Restaurant mit frischen Kräutern beliefert, hat gemeinsam mit dem Koch Karl-Heinz Sensen diese Pflanze als Delikatesse heimischer Küche etabliert. Sind auch Ömings Quarkkeulchen in Vanillesoße als Nachtisch eine sichere Bestellung, sollte man unbedingt auch das Hanf-Krokant-Parfait, die Hanfschokoknödel in Vanille- und Sanddornsoße oder die Hanfpfannküchle mit hauseigenem Apfelkompott und Schokoladensoße probieren.

Zutaten für 5 Personen:

50 g Butter, 25 g Weißbrot ohne Rinde fein gerieben, 50 g Hanfschrot, Salz, Muskat, 1,8 kg Rehrücken, Pfeffer, Butterschmalz

Für die Rotweinsoße

ca. 1,5 kg Rehknochen und Fleischabschnitte (vom Rücken), 2 EL Butterschmalz, 300 g Rostgemüse (Möhren, Sellerie, Zwiebeln, Knoblauch), 1 EL Tomatenmark, 1 dl Rotwein, 1,5 l Wasser, 2 Lorbeerblätter, 10 g Pfeffer, Salz

Zubereitung:

Weiche Butter mit einem Schneebesen sehr schaumig rühren, das geriebene Weißbrot sowie den Hanfschrot beigeben und mit Salz und Muskat würzen. Kalt stellen. Nun den Rehrücken ausbeinen, in 12 gleichmäßige Medaillons schneiden und leicht platt drücken. Für die Soße die Knochen klein hacken und in Butterschmalz heiß anbraten. Nach ca. 10 Min. das geputzte und in Würfel geschnittene Gemüse beigeben und mitrösten.

Nach ca. 5 Min. das Tomatenmark zugeben und ebenfalls kurz mitrösten. Mit dem Rotwein ablösen, mit kaltem Wasser auffüllen und Lorbeer hinzufügen. Ca. 3 Stunden leise köcheln lassen und zwischendurch abschäumen. Dann durch ein feines Sieb passieren, nochmals einkochen und mit Salz und Pfeffer abschmecken.

Die Medaillons mit Salz und Pfeffer würzen und in Butterschmalz bei mittlerer Hitze ca. 6-8 Min. rosa braten. Die angerührte Hanf-Butter-Masse zu Scheiben in Größe der Medaillons formen und diese damit bei Oberhitze überbacken.

TITANIA

Die blaue Flagge an der Seebrücke signalisiert sauberen Badespaß. Srandkörbe laden zum Sonnenbad ein. Direkt vor der Haustür des Waldschlösschen beginnt auch der etwa vier Kilometer lange Wanderweg durch den Nationalpark Vorpommersche Boddenlandschaft zum Weststrand. Solch ein ursprüngliches Meeresufer findet man wohl nirgendwo mehr in Deutschland. Doch das Waldschlösschen, ein kleines Hotel im englischen Landhausstil, gilt nicht nur als idealer Ausgangspunkt zu den herrlichen Prerower Stränden. Am Waldrand gelegen und von einem kleinen Park umgeben, ist es mit Wellnessbereich, Weinpavillon und einem lichten Wintergarten als Restaurant selbst eine Oase der Erholung. Der Stil des Hauses ist so auserlesen wie seine Geschichte. 1890/91 von einem Berliner Bankier erbaut, erwarb es später der berühmte Berliner Hofschuhmachermeister Wilhelm Breitsprecher. Als dessen Tochter Anna ins heiratsfähige Alter kam, durfte nur ein Schuhmachermeister um ihre Hand anhalten. So legte der Bankkaufmanm Gustav Jaenecke kurzerhand die Prüfung ab. Nach 1945 wurde das alte Fachwerkhaus zum Ferienheim. Erst 1992 gelangte es wieder in den Besitz der Familie Jaenecke, die es schließlich 1995 an die Familie

„Born hat das Land, Wiek hat den Sand, Prerow den Strand", behauptet ein alter Spruch. Eigentlich aber hat Prerow gleich zwei Strände. Und was für Strände! Nur etwa drei Minuten vom „Waldschlösschen" entfernt, liegt der weiße, bis zu 100 Meter breite, sanft ins Meer gleitende Nordstrand.

TITANIA IM CCL HOTEL WALDSCHLÖSSCHEN

BERNSTEINWEG 4
18375 PREROW A.D. DARSS
TELEFON   03 82 33 - 61 70
TELEFAX   03 82 33 - 403
WWW.WALDSCHLOESSCHEN-PREROW.DE

GEÖFFNET:
TÄGLICH 17.30-23 UHR, SAMSTAG UND
SONNTAG AUSSERDEM AUCH 12-14 UHR

Jahncke verkaufte. Die Ähnlichkeit der Namen ist Zufall, doch kann sie durchaus als gutes Omen für die fortan wieder liebevolle familiäre Führung des Hauses gesehen werden. Unter der Leitung des neuen Besitzers und Meisterkochs Michael Jahncke werden die Gäste rundum verwöhnt. Bevor der Koch aus Ludwigslust jedoch an die Küste zog, sah er noch in die Kochtöpfe angesehener Restaurants in der Schweiz, in Bayern, in Frankreich und in der Türkei. Seine kulinarischen Wanderjahre finden nun Niederschlag im internationalen Flair der Karte des eigenen Hauses. Dabei bemüht sich der Mecklenburger, möglichst viele heimische Produkte zu verwenden. Schließlich kann man ein Carpaccio auch aus Frischlingsrücken machen. Alle vier Wochen wird eine neues Extrablatt mit dem „Produkt des Monats" gedruckt. Der August ist der Monat

der Wildkräuter. Unglaublich, welch vielfältige Verwendung im Oktober der kalorienarme aber vitaminreiche Kürbis findet. Köstlich ist der Kürbiscarpaccio mit feinen Dorschstreifen und Apfelvinaigrette. Danach sei das Duett von Reh und Hirsch auf Kürbisgemüse und Portweinsoße empfohlen, abschließend der Pudding von Kürbis mit einer fruchtigen Soße aus Sanddorn und Holunder. Im November dominiert das Wild, im Dezember ist der Apfel der lukullische Mittelpunkt. Nicht nur als Bratapfel, sondern auch als köstliche Calvadoscreme zu Kalbsleber oder als Dessert gefüllt mit Marzipan und Rosinen. Mit dem Januar beginnt im „Waldschlösschen" die Fischsaison. Spätestens drei Stunden nach dem Fang liegt der Angeldorsch in typisch mecklenburgischer Senfsoße auf dem Teller. Frischer geht es nimmer.

MECKLENBURGER PFLÜCKHECHT AUS DEM GEMÜSESUD

Zutaten für 4 Personen
Für den Gemüsesud:

1 Flasche Bier, 1/4 l Wasser,
1 Lorbeerblatt, einen Spritzer Essig,
1 kleines Bund Suppengrün, Schalotten, Salz, Pfeffer aus der Mühle

Für die Beilage:

300 g Kartoffeln tournieren, Gemüse, Möhren, 1 Bund Lauchzwiebeln in Form geben und abblanchieren

Für die Soße:

1/4 l Sahne, 100 g Butter, 40 g Mehl,
1 Spritzer Zitrone, gehackte Kapern,
Salz, Pfeffer aus der Mühle, Muskat,
etwas vom Sud

Für die Garnitur:

Dillzweig, Morcheln, 12 Flusskrebse

Zubereitung:

Die Zutaten für den Gemüsesud zum Kochen bringen. Den gewaschenen Hecht in 4 Stücke teilen und 15 Minuten kochen lassen, dann herausnehmen, abdecken und warm stellen. Für die Soße die Schalotten in wenig Butter anschwitzen, dann 1 EL Mehl dazugeben und schließlich mit dem Fischsud und der Sahne aufgießen, glatt rühren und, unter Zugabe von gehackten Kapern und glatter Petersilie, köcheln lassen. Das geschälte und tournierte Gemüse sowie die Kartoffeln separat abblanchieren. Morcheln putzen und in der Pfanne mit etwas Schalotten anschwenken. Die Flusskrebse in dem Hechtsud ca. 4 Minuten pochieren, dann die Schwänz ausbrechen und mit etwas Knoblauch anschwenken. Den Hecht von Haut und Gräten lösen und saber in gefällige Stücke „zerpflücken", dabei jede Gräte ziehen. Der zerpflückte Hecht wird in der Mitte vorgewärmter Teller angerichtet, mit heißer Sahne überzogen und mit den Krebsschwänzen in Knoblauch, Kartoffeln und Gemüse umlegt.

STRANDHUS

STRANDHUS IM STEIGENBERGER ESPRIX HOTEL ZINGST

SEESTRASSE 54
18374 ZINGST
TELEFON   03 82 32 - 8 50
TELEFAX   03 82 32 - 85 9 99
WWW.STEIGENBERGER.DE

GEÖFFNET:
TÄGLICH 12-24 UHR,
BIERGARTEN AB 17 UHR

„Wo die Ostseewellen trecken an den Strand…" liegt Zingst auf dem 20 Kilometer langen gleichnamigen Zipfel am Ende der Halbinselkette Fischland-Darß-Zingst. Hier schrieb die Heimatdichterin Marta Müller-Grählert die berühmten Zeilen, die als Ostseehymne in die Welt gingen, um als Nordseewellenlied wieder von dort zurückzukehren. Im „Haus Morgensonne", dem Heimatmuseum im restaurierten Kapitänshaus wird der alte Irrtum aufgeklärt und vieles mehr aus dem Leben der Zingster erzählt. Heute ist Zingst der größte Ort auf der Halbinsel, fast eine Kleinstadt und ein stattliches Familienbad mit Beacholympiaden, Kurkonzerten, vor allem aber mit einem 18 Kilometer langen, steinfreien und flach ins Meer gleitenden Strand. Direkt an der Strandpromenade mit Seebrücke und Konzertmuschel wurde 1998 das Steigenberger Esprix Aparthotel erbaut. 103 moderne Ferienwohnungen mit Küche, Bad und Balkon ermöglichen einen entspannten Urlaub. 34 Zimmer gewähren den Blick aufs Meer. Die großzügig geschnittenen, zum

Teil auch behindertengerechten Wohnungen lassen jedes Familienmitglied nach eigener Fasson glücklich werden. Ist einmal kein Badewetter, können die Urlauber durch die kleinen Läden im Haus oder die nahe gelegene Einkaufsstraße bummeln. Nur wenige Schritte von Hotel entfernt bietet das Kurmittelhaus ein facettenreiches Wellnessprogramm. Das große braune Segel im Innenhof des Hotels spendet den Liebhabern kühlen Bieres ausreichend Schatten. Herrlich schmeckt nach einer langen Strandwanderung zum deftigen Steak ein Störtebeker Pils. Im nahezu mediterran wirkenden Restaurant „Strandhus" mit seiner großen Terrasse werden auch feinere Speisen, wie die Mecklenburger Bauernente mit Honig-Minze-Soße und Nusskartoffeln serviert. Direktor Steffen Buth will in seinem Haus eine moderne und dennoch landestypische Küche etablieren. Den Fisch liefert Frau Schuchardt, eine couragierte Frau, die nach der Wende mit ihrem Betrieb in Ribnitz-Damgarten viele der Genossenschaftsfischer vor Erwerbslosigkeit bewahren konnte. Die elegant auf dem Teller drapierten Gerichte aus vornehmlich frischen Produkten erfreuen Zunge und Augen. Ein anspruchsvolles

kulinarisches Programm, das mit den Preisen der Hauptspeisen zwischen 10 und 15 Euro, familienfreundlich kalkuliert ist. Auch das abendliche Länderbüfett, das kulinarisch verschiedene Regionen der Erde thematisiert, ist ein Vergnügen für die ganze Familie. Welches Kind wollte sich nicht endlich einmal den Bauch mit Muffins voll schlagen? Der amerikanische Abend macht es möglich.

Das Zingster Steigenberger Esprix Hotel ist auf dem besten Weg, mit modernen Mitteln an die alte bewährte Tradition des Ortes als begehrtes Familienbad anzuknüpfen.

MECKLENBURGER BAUERNENTE MIT HONIG-MINZE-SOSSE, NUSSKARTOFFELN UND ZUCKERSCHOTEN

Für 4 Personen

Zutaten:

1 Freilandente ca. 1800 g,
800 g Kartoffeln,
400 g Zuckererbsen,
100 g Butter,
40 ml Himbeeressig,
50 ml fruchtiger Rotwein,
1 EL gehackte Schalotten,
30 g Honig,
20 g gehackte Walnüsse,
1 Bund Minze,
1 Zwiebel,
2 Äpfel,
Pfeffer,
Salz

Zubereitung:

Ente entfetten, Hals, Flügel im ersten Gelenk abschneiden und davon einen Fond kochen.

Die Ente mit Äpfel und der Zwiebel füllen, im Ofen 45 Minuten bei 140 °C, dann 90 Minuten bei 90 °C garen, danach 10 Minuten bei 220 °C Farbe geben.

Für die Soße die Schalotten in Butter anschwitzen, mit Himbeeressig und Rotwein ablöschen, das Ganze einreduzieren lassen, dann die gehakte Minze und Honig dazugeben, weiter einreduzieren lasen, mit dem Fond auffüllen, aufkochen, binden und durch ein Sieb passieren.

Die geschälten und gekochten Kartoffeln werden in Butter angeschwenkt und mit Walnüssen bestreut.

Butter zusammen mit Zucker schmelzen und die Schoten darin anschwenken, mit Salz und etwas Minze abschmecken.

„SPEICHER" BARTH

gen Ladebühne, der mit schlanken Stahlstützen, der Stoffbespannung des Daches und der großzügigen Verglasung wie ein Schiffsausleger über der Hafenpromenade schwebt, genießen die Besucher den Blick auf Yachthafen und Wasser. Dem einstigen Nutzbau aus rotem Ziegelwerk ist die angestammte Funktion größtenteils noch anzusehen. Noch immer enden die ehemaligen Getreideschütten unterhalb der Erdgeschossdecke, nur strömt heute aus den sich zu schmalen Trichtern verjüngenden Öffnungen Halogenlicht statt Getreide. Die 21 Schütten, etwa zwölf Meter hohe Silos, wurden in Maisonett-Wohnungen verwandelt. Die ehemaligen Lagerflächen hat man zu geräumigen Appartements umgebaut, deren Charme sich aus dem spannenden Dialog von unverputzten Klinkermauern, Parkettfussboden und unkonventionellem Möbeldesign ergibt. Im neu aufgesetzten Penthouse entstanden elegante Suiten mit Philippe Starck- und

RINHHOTEL „SPEICHER" BARTH

AM OSTHAFEN 2
18356 BARTH
TELEFON   03 82 31 - 6 33 00
TELEFAX   03 82 31 - 6 34 00
WWW.CONKRETE.DE/SPEICHER-BARTH

GEÖFFNET:
FRÜHSTÜCK VON 6.30-10.30 UHR,
WARME KÜCHE VON 11.30-22 UHR

Über die Meiningenbrücke führt der Weg durch eine weite Boddenlandschaft zurück zum Festland. Barth liegt jenseits des Sommertrubels der Halbinsel Fischland-Darß-Zingst. Wer Ruhe und Beschaulichkeit sucht, dem bietet der verschlafene Ort außerdem eine der ungewöhnlichsten Möglichkeiten, in Mecklenburg-Vorpommern zu speisen und zu schlummern. Der Umbau des über hundert Jahre alten Speichers am Bodden zu Hotel und Restaurant ist eine architektonische Meisterleistung. Der Volker Gliencke Company aus Garz und dem Berliner Architekten Claudius Pratsch gelang eine überzeugende Mischung aus Industriearchitektur und Gemütlichkeit, eine aus dem Respekt vor der historischen Bausubstanz erwachsene geniale Synthese aus Tradition und Moderne. Wo noch bis 1995 Roggen und Gerste lagerten, werden heute die Gäste auf Vier-Sterne-Niveau verwöhnt. Vom Wintergartenvorbau auf der ehemali-

Shakermöbeln, vor allem aber mit grandiosen Weitblick. Inzwischen ist das ungewöhnliche Firstclass-Hotel nicht nur für Architekturjünger interessant, sondern auch für Liebhaber leiblicher Genüsse. Das gesamte Erdgeschoss dient dem kulinarischen Vergnügen. Der dickwandige, durch gusseiserne Säulen gegliederte Restaurantraum ist Hoheitsgebiet von Küchenchef Lars Kalisch. Seine Karte zeigt kulinarische Einflüsse aus der ganzen Welt. Zum mecklenburgischen Staudenselleriesüppchen gesellen sich ungeniert französische Gänsestopfleber, italienischer Antipastiteller mit Parmaschinken und Büsumer Krabben. Oft vereinen sich verschiedene Nationen auf wunderbare Weise gleich auf einem Teller: So gibt es zum getrüffeltem Gänseleberparfait ein heimisch inspiriertes Apfel-

Fliederbeerchutney und Wildkräutersalat. Das kross gebratene Boddenzanderfilet mit Blattspinat trifft auf Pestoschaum. Eindeutig wird es bei den Mecklenburger Spezialitäten, die eine ganze Seite der Karte füllen. Täglich gibt es frischen Fisch, auch im Ganzen gebraten und am Tisch filetiert. Gleich Dreierlei Fischfilets kommen in die „Barther Fischpfanne". Das hausgemachte Sauerfleisch mit Röstkartoffeln ist ein Ausflug in mecklenburgische Fleischeslust. Als landestypisches süßes Hinterher sollte man die Mecklenburger Beerengrütze mit Sahne probieren. Immer gibt es auch ein Vier- und ein Sechs-Gang-Menü zu gastfreundlichen Preisen. Wer sein Menü zu ausgesuchten Tropfen im gemütlichen Weinkeller genießen will, sollte sich unbedingt den Platz reservieren.

GETRÜFFELTES GÄNSELEBERPARFAIT AN APFEL-FLIEDERBEERCHUTNEY UND MARINIERTEN BLATTSALATEN

Für 4 Personen

Zutaten:

Für das Parfait: 450 g Gänseleber, 450 g Butter, 2 cl Portwein, 2 TL Salz, Prise weißer Pfeffer, etwas Muskatnuss, Prise Zucker, 2 Eier

Für das Chutney: 1/4 l Fliederbeersaft, 1/8 l Rotwein, 4 Äpfel, 1 TL Senfkörner, 50 g Zucker, Prise Salz, 1 Lorbeerblatt, 4 Nelken, etwas Balsamicoessig

Zubereitung:

Die Leber parieren und mit den Eiern, Salz, Pfeffer, Muskat, Zucker und dem Portwein im Mixer pürieren. Die Butter klären und auf Körpertemperatur abkühlen lassen. Dann die Butter ganz langsam zur pürierten Leber geben, den Mixer dabei laufen lassen. Jetzt das Ganze durch ein feines Sieb passieren. Eine Terrinenform mit gebutterter Alufolie auskleiden, die pürierte Masse einfüllen und mit Folie schließen. Bei ca. 130°C 45 Minuten im Wasserbad in die Backröhre schieben. Dann auskühlen lassen und stürzen. Zucker im Topf karamellisieren und mit Rotwein ablöschen. Die geschälten und gestiftelten Äpfel mit den restlichen Zutaten in den Topf geben und so lange kochen, bis die Äpfel die Flüssigkeit aufgenommen haben. Dann Auskühlen lassen. Das Parfait mit einem heißen Messer in Scheiben schneiden und mit dem Chutney sowie mit Olivenöl und Balsamicoessig marinierten Blattsalaten anrichten.

Ralswiek,
Störtebeker-Festspiele

![Photo of white chalk cliffs of Rügen covered in forest above the sea]

ügen – größte und inzwischen
berühmteste Insel Deutschlands –
wirbt erfolgreich mit schier end-
losen weißen Stränden, mit Caspar
David Friedrich, mit Bäderstil, den
Stileichen der Insel Vilm und mit
dem 1993 in Saßnitz eingeweihten
Beginn der Deutschen Alleenstraße.
Dabei sind die steinalten Hünen-
gräber, die mittelalterlichen Dorf-
kirchen, die antikischen Villen und
transportablen Fertigteilhäuser im
Schweizerstil nur die Statisten im
großartigen Naturszenarium, dessen
Haupthelden Insel und Meer sind.
Als Gegenspiele tritt zeitweilig der
Mensch auf: Rügen im Tourismus-
fieber. Im Sommer bleibt auf dieser
Insel kein Bett mehr frei. Tausende

Sonnenhungriger überqueren dann den
Rügendamm oder schippern mit der Gle-
vitzer Fähre auf das Eiland und bleiben
mobil bis an das Ende ihrer Reise. Der
Circus des klassizistischen Städtchens
Putbus, das Puppenmuseum im Affenhaus,
das Jagdschloss Granitz, die gigantischen
Ruinen des ehemaligen KdF-Bades Prora,
Störtebeker als Theaterinszenierung auf der
Naturbühne von Ralswiek, der Nationalpark
– man reist nicht nur auf, sondern auch
über die Insel, von einer Attraktion zur
anderen. Zumeist mit dem Auto. Der am
Straßenrand vielfach plakatierte Aufruf
„Auf Rügen mit Licht" warnt nicht vor ark-
tischer Dunkelheit auf der Insel mit dem
nördlichsten Zipfel Deutschlands, sondern
bei Tagblindheit beim plötzlichen Wechsel
von sonnenüberfluteter Landstraße in dunk-

le Baumschluchten. Eine gemütlichere Art zumindest den Südosten der Insel zu bereisen, ist eine Fahrt mit dem „Rasenden Roland". Dunkler Dampf quillt aus dem Schornstein der historischen Kleinbahn. Roland ist ein Schmalhans mit nur 750 Millimeter Spurweite. Mit 30 Stundenkilometern trödelt er durch die Landschaft, hält an manchen der Stationen nur auf Handzeichen. Eine Zeitreise. Rolands heller Signalton mit dem übermütigen Schlussakkord gehört zur Insel wie das Geschrei der Möwen oder der trompetengleiche Ton des Kranichs. Wenn im Herbst der archaische Ruf des Kranichs ertönt, verebbt allmählich der Urlauberstrom, und das denkmalgeschützte Fischerdorf Wiek auf dem Windland Wittow kuschelt sich mit seinen dreizehn strohgedeckten Häusern wieder still in die Hochuferschlucht. Nur noch wenige Wanderer pilgern dann über die grasbewachsenen Wälle von Arkona, der über 800 Jahre alten slawischen Jaromarsburg, einst widerständiger Stammsitz heidnischer Slawen. Im Sommer ist das 46 Meter hohe Kliff der viergesichtigen Gottheit Svantevit eine der touristischen Hauptattraktionen Rügens. Noch mehr Urlauber besuchen die Kreideklippen auf der Halbinsel Jasmund. Rügener Kreide ist der siebzig Millionen Jahre alte Stoff, der einer ganzen erdgeschichtlichen Epoche den Namen gab, und das Objekt der Begierde deutscher Romantik. Abseits der Mythen

aber hat Rügener Kreide als Ca CO3 auch ihre ganz prosaische Seite. Wer auf Rügen in der Kreide steht, hat Arbeit und Brot. Seit 1832 wird auf der Insel Kreide abgebaut und weiterverarbeitet. Doch erst vor wenigen Jahren besann man sich wieder auf die Heil- und Verschönerungskraft des „Weißen Goldes".
Es regt den Stoffwechsel an und schlürft die Schlackestoffe aus den Poren, es peelt, durchblutet und stimuliert die Haut. Inzwischen wurden viele Wellnesshotels auf Rügener Kreide erbaut. Die Befürchtung, dass soviel Kreideverbrauch trostlose Löcher in die Landschaft reißen könnte, widerlegt

ein Besuch im alten aufgelassenen Kreidebruch zwischen Sagard und Sassnitz. Wie in einem blitzblauen Gletschersee spiegeln sich die Kreidefelsen. Hier entstand nicht nur eine zauberhafte Landschaft, sondern auch ein kostbares Biotop.

o.l.: Rügens Küste zwischen Wissower Klinken und Sassnitz
u.l.: Kap Arkona
o.r.: Fischkutter auf Rügen
u.r.: Stralsund mit Brücke zur Insel Rügen

MARSTALL

RESTAURANT MARSTALL
IM SCHLOSSPARK HOHENDORF

18445 HOHENDORF
TELEFON 03 83 23 - 2 55 10
TELEFAX 03 83 23 - 25 51 10

GEÖFFNET:
AB 15 UHR KAFFEE UND KUCHEN
AB 17 UHR WARME KÜCHE

Von außen sieht man es dem eleganten Bau im Schlosspark von Hohendorf kaum an, dass er ein Neubau ist. Hohe Rundbogenfenster, von weinroten Samtschals drapiert, öffnen sich zum Park, rahmen uralte Baumgruppen und den Ausblick auf das schöne Tudorschloss. Brennende Buchenscheite im Kamin erwärmen Raum und Seele. Noch in den 40er Jahren stand an dieser Stelle wirklich der Marstall mit Wagenremise und komfortablen Einzelboxen für die edlen Vierbeiner der gräflichen Familie von Klot-Trautvetter. Der alte Marstall wurde nach 1945 Opfer politischer Wirren. Doch, „er gehört zum Schloss und seiner Vergangenheit. Wir lassen modernes Leben in die Residenz einziehen, auch mit einem neuen Marstall", sagt Petra Gräfin von Klot-Trautvetter. Während sich ihr Gatte, Graf Hubertus von Klot-Trautvetter, im Wesentlichen um das Schlosshotel im

1993 von der Gemeinde zurückerworbene Familienanwesen kümmert, hat sie nach alten Vorlagen den klassizistischen Marstall wieder erstehen lassen. Ein eigenes Reich, in dem sie nun Reisende mit guter bodenständiger Küche verwöhnt. Dafür holt Küchenchef Burkhard Rode möglichst viele Produkte aus der Region. Guten Gewissens kann man hier ein saftiges Rindersteak essen – es gibt eine ganzseitige Rindfleischkarte – denn es stammt von glücklichen Kühen aus ökologischer Aufzucht. Viel Wert legt der Koch auch auf die Zubereitung der Soßen. Etwa monatlich ändert sich die Karte, ganz nach den Angeboten der Saison. Gemüse wie Kürbis, Kohl und Porree wird hauptsächlich in den Monaten verarbeitet, in denen es auch auf den vorpommerschen Feldern reift. Fische, auch mal Entenbrust, werden im Haus geräuchert. Oft zieht der Duft von frisch gebackenem Kuchen und

Brot durch den Raum. Ein Hobby des Kochs ist die Erfindung immer neuer Suppen. Doch auch hier bleibt er heimisch, kocht mit Vergnügen mal ein Kürbisschaumsüppchen, mal eine Consommé vom Kaninchen. Nur beim Fisch geht er schon mal über die lokalen Grenzen hinaus, bringt neben Lachs, und Zander auch Seezunge und Rotaugen auf den Teller. Ein Essen zu zweit ist im Marstall ebenso ein Erlebnis wie das gesellige Rittergelage, eine deftige Tafelei mit Honigwein, hausgebackenem Brot mit Apfel-Kräuter-Zwiebelschmalz, kräftiger Suppe vom Ochsen, Bratenplatte und Bratapfel mit süßer Haube. Heiß geht es her beim „Soulfire", einer flammenden Illusionsschau mit Vier-Gänge-Menu. Anschließend kann man sein müdes Haupt im Schlosshotel betten oder sich ein komfortables Ferienhaus mit eigenem Swimmingpool und Sauna mieten. Allerdings weckt den Schläfer im Herbst zeitig der Kranichruf. Die flachen Küstengewässer des nahen Nationalparks sind beliebtes Rastgebiet dieses exotischen Vogels.

IM OFEN GEBACKENER ZANDER

Für 4 Personen

Zutaten:

2 küchenfertige Zander à 1 kg,
100 g Möhren,
100 g Sellerie,
100 g Porree,
Zitronensaft,
Dill,
Petersilie,
unbehandelte Zitrone,
Salz,
Zucker,
50 g Butter,
Aluminiumfolie

Zubereitung:

Den Zander mit Salz und Zitronensaft marinieren. Möhren, Sellerie und Porree in feine Streifen schneiden und die Bauchhöhle des Zanders damit füllen. Die Alufolie entsprechend der Größe des Zanders ausrollen und in der Mitte mit flüssiger Butter bestreichen. Die Zander einzeln mit der Bauchhöhle auf die Folie legen, mit frischen Dill- und Petersilienzweigen belegen, vorsichtig einwickeln und fest verschließen (Bauch nach unten). Den Backofen auf 200°C vorheizen (Umluft 180°C), die Zander auf ein Rost oder Blech legen und 15–18 Minuten im Ofen backen. Danach die Folie vorsichtig öffnen, die Zander filetieren, zuerst die Gemüsestreifen auf den vorgewärmten Teller anrichten, die Zanderfilets darauf geben und mit Zitronenrispen belegen. Dazu empfiehlt der Küchenchef junges Gemüse (Zuckerschoten, Möhren oder Broccoli), Kräuterkartoffeln und eine Rieslingsoße.

TAFELFREUDEN IM SOMMERHAUS

Handelskoggen durchfuhren einst den gesamten Nord- und Ostseeraum. In schützender Ummauerung wuchs Bürgerstolz, der noch heute aus den brandroten Giebeln der Kirchen und Kaufmannshäuser leuchtet. Unweit der steinernen Pracht, nur wenige Schritte vor dem Kütertor, hatte sich 1870 ein Stralsunder Unternehmer seine Sommerfrische erbaut. Das kleine Holzhaus im nordischen Stil ist im Vergleich zur strengen Backsteingotik der alten Hansestadt wunderbar heiter. 1998 wurde das stark lädierte, denkmalgeschützte Gebäude Besitz des jungen Paares Axel-Alexander Müller und Sonja Klatte aus Oldenburg. Seitdem es im Oktober 1999 als Restaurant und Pension wieder eröffnet wurde, erfreut es mit sonnig gelber Holzfassade das Auge. Der Innenraum ist pointiert minimalistisch gestaltet. Töne in gelb, orange und rot leuchten warm an den Wänden, selbst in dem großen zentralen Gemälde. Bevor Axel-Alexander Müller in Stralsund den Kochlöffel in die Hand nahm, weilte er in verschiedenen nord- und süddeutschen Häusern, beschäftigte sich auch mit mediterraner, asiatischer und mexikanischer Kochkunst. Heute bündelt er seine Erfahrungen und die seines jungen Küchenteams in einer echten Cross-over-Küche. Eine Welsroulade im Wirsingblatt auf Thai-Gemüsereis und Kokussoße bringt er mit

„Meerstadt ist Stralsund, vom Meer erzeugt, dem Meer ähnlich. Auf das Meer ist sie bezogen in ihrer Erscheinung und Geschichte. Ihre stillen grauen Straßen durchwandernd hört man plötzlich seine Löwenstimme, sieht man seine Schlangenhaut blitzen", so schwärmte einst Ricarda Huch. Stralsund war die nach Lübeck zweitmächtigste wendische Hansestadt, ihre

TAFELFREUDEN IM SOMMERHAUS

JUNGFERNSTIEG 5A
18437 STRALSUND
TELEFON   03831-299260
TELEFAX   03831-292385
WWW.GOURMETGUIDE.COM/TAFELFREUDEN

GEÖFFNET:
DIENSTAG BIS SONNTAG AB 17.30 UHR,
MITTAGS AUF ANFRAGE, SAMSTAG UND
SONNTAG AUCH 11.30-14.30 UHR

der selben spielerischen Leidenschaft am Kochen auf den Tisch wie die Komposition vom rauwolligen pommerschen Landschaf mit Honiglauch und Thymiangratin. Die Zutaten müssen frisch sein. Da ist er eigen. Fast jeden Tag kauft er selbst auf den Markt das Gemüse ein. Die Käsevariation stammt vom Bisdamitzer Hof auf Rügen. Auch Fleisch und Wurst, wie die Kräuterbratwurst, die schon eingeschworene Wurstverächter bekehrt hat, holt sich Müller zum großen Teil von der Insel. Parfaits und Sorbets zaubert er selber. Verlockend sind seine Kreationen von Walnusskaramelparfait, Hagebutteneis, Kirschbier- oder Honig-Rosmarineis. Viel Sorgfalt wird auch auf die Auswahl der Weine verwendet. Bemerkenswert ist das Angebot guter offener Weine. Im Restaurant „Tafelfreuden"

fließt kein Tropfen, der nicht auch dem Koch und seiner Gefährtin schmeckt.

CHARTREUSE VOM FISCHMARKT AUF SAFRANSOSSE MIT WIRSINGBÄLLCHEN

Für 4 Personen

Zutaten:
Für die Chartreuse:

Je 4 Filets à 50 g vom Wels, Lachs, Zander und Steinbeißer, 4 kleine Jacobsmuscheln, 4 Garnelen

Für die Soße:

500 ml Fischfond, 1 cl Wermut/Noilly Prat, 1 Messerspitze Safran, 3 cl Weißwein, 4 cl Sahne, 10 g Butter

Für die Wirsingbällchen:

8 Wirsingblätter, 200 g Reis gekocht, 2 Schalotten, 20 g Butter, 8 Stängel Schnittlauch

Für das Gemüse:

250 g Zuckerschoten, 5 cl Gemüsebrühe, Zucker, Salz, 10 g Butter

Zubereitung:

In einer Ausstechform von ca. 10 cm Durchmesser die verschiedenen Fischfilets einsetzen. In die Mitte die Jacobsmuschel auf die geputzte Garnele setzen. Die 4 Chartreuses mit Salz und Zitrone würzen und in einem Fond von Weißwein, Noilly Prat, Pernod, Knoblauch und Gemüsebrühe 8 Minuten dämpfen. Den Reis bissfest abkochen, Schalotten putzen und fein würfeln. In einer Pfanne etwas Butter anschwitzen, Reis zugeben und 2 Minuten köcheln lassen. Die geputzten Zuckerschoten in Gemüsefond, Butter und Salz glasieren. Den Strunk der abgekochten Wirsingblätter entfernen und mit je 1 EL Reis füllen, dann den Wirsing zu kleinen Säckchen binden und 3 Minuten mitdämpfen. Für die Soße den Fischfond, Noilly Prat und Weißwein etwas einreduzieren lassen, den Safran zugeben und abschmecken, mit der Sahne und Butter aufmontieren, sodass die Soße eine Schaumkrone bildet.

Gutsschänke und Hofküche

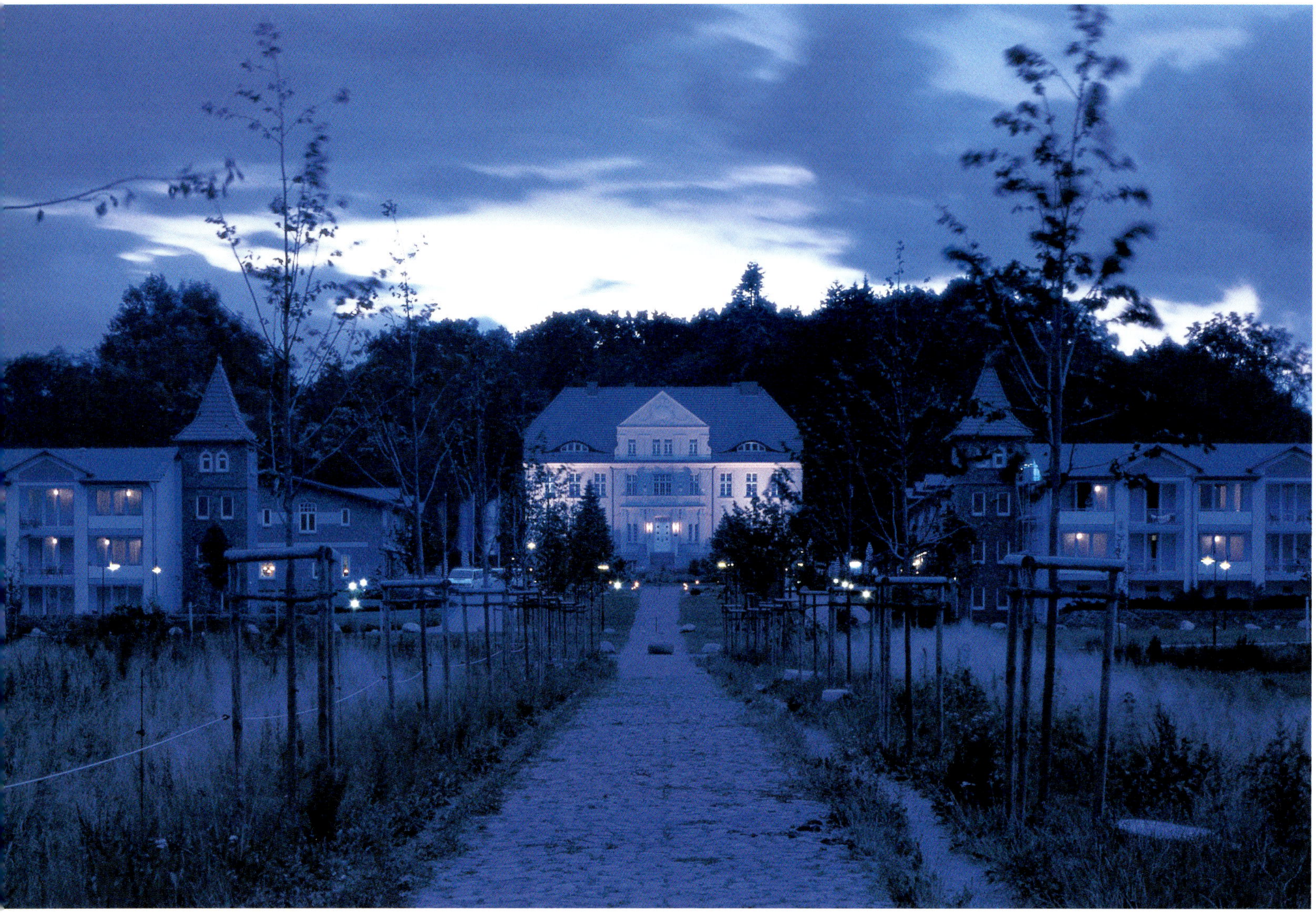

Gutsschänke und Hofküche
im Steigenberger Resort
Hotel Neddesitz

18551 Sagard/Rügen
Telefon 03 83 02 - 95
Telefax 03 83 02 - 9 66 20
www.ruegen.steigenberger.de

Geöffnet:
Gutsschänke
In der Hauptsaison täglich von 18–24 Uhr, in der Nebensaison variieren die Öffnungszeiten nach Bedarf

Blau ist der Himmel über Jasmund, grün sind die Wälder der Stubnitz und schneeweiß die bizarren Klippen der Kreidefelsen. Die Erinnerung an einen Sommerurlaub auf Rügen ist voller Farben: Knallgelbe Rapsfelder, mohnrote Wiesen, champagnerfarbene Strände. Mitten in diesem Naturparadies zwischen Meeresufer und hügeligen Boddenwiesen, unmittelbar am kleinsten Nationalparkgebiet Deutschlands, steht das Steigenberger Resort Hotel. Die Gäste haben die Wahl, sie können in einem statt-

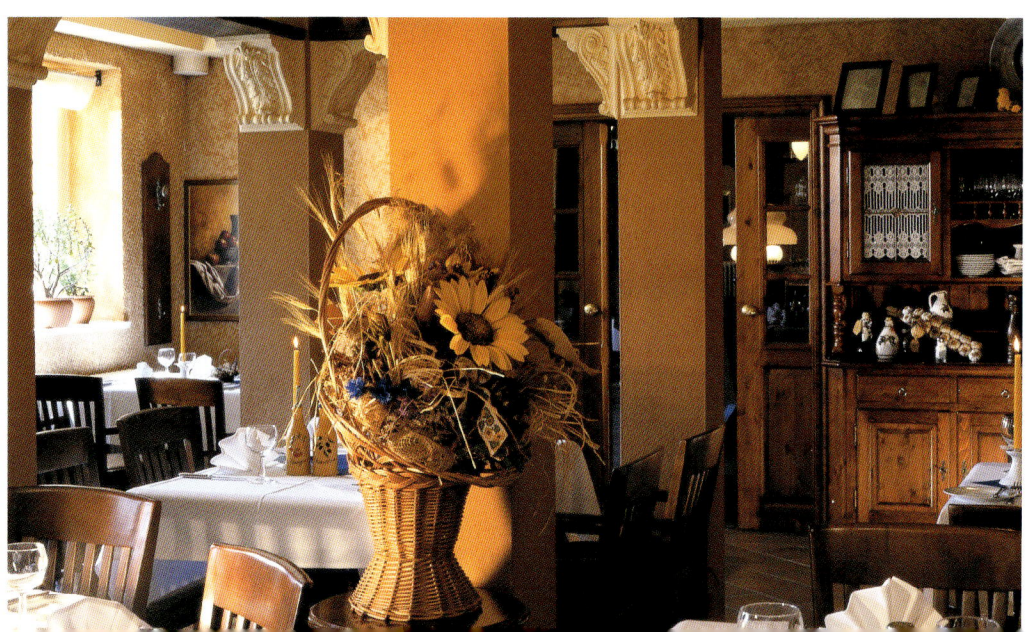

lichen Gutsherrenhaus wohnen, in zwei zweigeschossigen Hoteltrakten hinter denkmalgeschützter historischer und moderner Klinkerfassade oder in einem Feriendorf mit Appartements für die ganze Familie. Ein Urlaubsdorado umgeben von Wiesen und Feldern. In Blicknähe grasende Pferde und glitzernde Boddenwasser. Nur wenige Schritte vom Gutshaus entfernt spiegelt ein blitzblauer See den „Kleinen Königsstuhl". Im Gegensatz zu seinem großen Bruder am Meer ist diese 42 Meter hohe Kreidewand im Hinterland der Halbinsel Jasmund noch ein Geheimtipp. Turmfalken nisten im weißen Fels, Schmetterlinge gaukeln über Orchideenwiesen.

In aller Stille entstand in den letzten Jahren am Rand seit den 60er Jahren aufgelassenen Kreidebruchs ein 2,3 Kilometer langer Natur- und Kreidelehrpfad. Längst wuchs über dem alten Abbaugebiet ein kostbares Biotop. Ein kleines Museum informiert über Landschaft und historischen Kreideabbau. Besitzer der Kreidefelsen von Gummanz war einst die Familie Gierke. Von 1901 bis 1911 ließ sie das Gutshaus zu Neddesitz erbauen. Dieses prachtvolle Jugendstilgebäude ist

heute die Krönung der vielgestaltigen Ferienanlage des Steigenberger Resort Hotels. Seit 1995 kann man in dem detailgetreu renovierten Herrenhaus nobel logieren, fröhlich schlemmen und in einer kleinen weißen Kapelle sogar heiraten. In der „Gutsschänke" wird à la Carte serviert. Küchenchef Wolfgang va der Sanden kreiert eine edle Gutsherrenküche, die stets einen feinen Bezug sowohl zum Lokalen als auch zur großen weiten Welt hat. So originell wie

GAGARD

KREBSSCHAUMSUPPE MIT KRÄUTERSAHNE UND KAVIAR VON DER FORELLE

Für 5 Personen

Zutaten:

10 mittlere Suppenkrebse
von etwa 40 g,
50 g Karotten,
50 g Schalotten,
1/2 Lorbeerblatt,
3 Petersilienzweige,
1 Ästchen Thymian,
300 ml trockenen Weißwein,
500 ml Fischbrühe,
300 ml Sahne,
1 TL Cognac,
1 TL Tomatenmark,
Salz,
Pfeffer Cayenne,
Estragon,
Kerbel

Für die Garnitur:

10 g Forellenkaviar rot,
Dillzweige,
Thymianästchen

Zubereitung:

Die gekochten Karotten und Schalotten fein würfeln und zusammen mit Lorbeer, Petersilienzweigen und dem Thymian leicht andünsten. Die gewaschenen Krebse hinzufügen und alles andünsten bis die Krebse schön rot sind. Das Tomatenmark unterrühren, mit Fischbrühe und mit Weißwein auffüllen, etwa 10 Minuten leicht köcheln lassen. 100 ml Sahne mit Estragon und Kerbel steif schlagen. Die geschlagene Sahne ganz leicht unterheben und die Krebsschaumsuppe in tiefe Teller geben. Mit den Kaviar-Eiern und den Dillzweigen und Thymianästchen garnieren.

köstlich sind die geräucherten Forellenwürstchen auf pikantem Safran-Kartoffelsalat. Neben der gefüllten Gutsherrenwachtel auf Pilzragout mit Portweinsoße, Mecklenburger Bauernente in Orangensoße und Sassnitzer Kutterfisch (in der Folie gegrilltes Dorschfilet) gibt es australisches Straußensteak, Seeteufel und gefüllte Seezungenröllchen. Mediterranes und Mecklenburgisches vereinen sich zum kulinarischen Duett aus Scampis und Zander. Gut beraten ist, wer

den preisgünstigen Menüempfehlungen folgt. Das Vier-Gang-Menu für 42,50 Euro wird stets zur jeweiligen Vor- und Hauptspeise mit einem ausgesuchten Glas Wein gekonnt ergänzt. Gewarnt sei, wer auf seine schlanke Linie achten möchte. Schauen Sie nur nicht in die Dessertkarte, schnell sind Sie zum sündhaft süßen Abschluss mit einer Champagner-Orangencreme im Baumkuchenmantel verführt. Dann gibt es auch noch die köstliche Praline to jour … Aber man muss in Neddesitz ja nicht jeden Tag fürstlich tafeln. Das Bistro bietet den Snack zwischendurch, Liebhaber leichter mediter-

raner Küche kommen in der „L'Osteria" auf ihre Kosten und vom Mecklenburger Bauernessen bis zu Kulinaria aus dem fernen Osten wartet alle sieben Tage die „Hofküche" mit Themenbüfetts aus aller Welt auf. Außerdem bietet die 1000 Quadratmeter große Jasmund-Therme mit zwei Schwimmbecken, einem temperierten Außenpool, Riesenrutsche, mit Massagen, Wellness-, Fitness- und Gymnastikangeboten viele Möglichkeiten, Körper und Kreislauf in Schwung zu halten. Haut und Seele regenerieren prächtig in einem Bad aus Rügener Heilkreide. Reiterhof, Tennis-

platz und Fahrradverleih ergänzen das Angebot für bewegende Ferientage. Auch die Ostsee, durch einen ganzjährigen Shuttle-Service mit Neddesitz verbunden, ist nicht weit.

BISMARCKHERINGE
MIT MECKLENBURGER HAUSFRAUENSOSSE

Für 5 Personen

Zutaten:

4 Eigelb,

8 g Salz,

750 ml Mecklenburger Rapsöl,

1 EL Zitronensaft,

1 EL Senf,

5 Schalotten,

4 Cornichons,

1 Apfel

Zubereitung:

Sämtliche Zutaten müssen temperiert sein. Mit dem Schneebesen Eigelb, Senf und Salz schaumig rühren. Das Rapsöl erst tropfenweise unterschlagen. Ist schon eine etwas kompakte Bindung erreicht, kann das Rapsöl etwas schneller hinzugegeben werden. Wenn das gesamte Öl untergeschlagen ist, wird der Zitronensaft beigefügt. Den geschälten und entkernten Apfel, die Schalotten und Cornichons feinwürfelig schneiden und unter die Soße heben. Die Hausfrauensoße mit Salzkartoffeln zu Bismarckheringen reichen.

SCHLOSS SPYKER

ZUM ALTEN WRANGEL
VIER JAHRESZEITEN
IM SCHLOSS SPYKER

SCHLOSSALLEE 1
TELEFON   038302-770
TELEFAX   038302-53386
WWW.SCHLOSSHOTEL-SPYKER.DE

GEÖFFNET:
„ZUM ALTEN WRANGEL" TÄGLICH
11–23 UHR, NOVEMBER GESCHLOSSEN
„VIER JAHRESZEITEN" TÄGLICH 18–23 UHR

Im spätgotischen Gewölbekeller glänzt eine Ritterrüstung im Kerzenlicht. Dicke Gemäuer munkeln düstere Mythen. In diesem uralten Schloss soll einst der schwedische General Carl Gustav von Wrangel von einem Femegericht gemeuchelt worden sein. Diese schaurige Geschichte verdirbt hier allerdings niemand den Appetit. Im Gegenteil, bei so viel Geschichte mundet der nach Art der Castellanin knusprig gebratene Ostseeaal zu Schausterstipp auf Schnippelbohnen und süß-sauer gekochten Birnen irgendwie besonders gut. Urgemütlich sitzt man an rustikalen Holztischen. Im Sommer jedoch bevorzugen viele Gäste die Schlossterrasse, wo kleine Zappelgeister auf großer Parkwiese herumtollen können. Schloss Spyker, in malerischer Lage in einer Ausbuchtung des Großen Jasmunder Boddens gelegen, wurde im 16. Jahrhundert als Wasserschloss erbaut. Es ist heute eines der ältesten und reizvollsten architektonischen Denkmäler der Insel. Nach dem Ende des 30-jährigen Krieges machte es die schwedische Königin ihrem Feldmarschall zum Geschenk. Der ließ den ochsenblutroten kastellartigen Bau nach seiner Vorstellung gestalten. Die Räume der Beletage erhielten prachtvolle Stuckdecken. Hier empfängt heute Karl-Heinz Ließmann, Schlossherr und Küchenmeister in einer Person, die Gäste. 1992 erwarb der Rügener Hotelier das Schloss, in dem schon wenig später unter den frühbarocken Stuckarbeiten zum Thema „Vier Jahreszeiten" ein gleichnami-

ges Restaurant entstand. Wird im historischen Schlosskeller nach großer Karte eher deftig-ländlich, also bodenständig gegessen, tafelt man in den „Vier Jahreszeiten" vornehm nach kleinem exklusivem Angebot. Beide Küchen aber bevorzugen frische heimische Produkte. Wild aus den Rügenschen Wäldern wird in der Beletage zum Hirschkalbsrücken-Medaillon veredelt. Liebhaber von zartem Lammfleisch sei der überkrustete Rücken vom Bobbiner Salzwiesenlamm auf Thymian-Pernot-Jus empfohlen. Köstlich ist der seltene Ostseelachs, der zwar nicht in solch kräftigem Rot wie der norwegische Artgenosse daherkommt, aber nicht minder lecker schmeckt. Zopf von Lachs und Zander auf Kresse-Kohlrabi-Schaum und gratiniertem Trüffel-Kartoffelpüree und in Wurzelweißweinsud gedünsteter Zander auf Champagnerkraut mit

schwarzer Chablissauce sind zwei weitere Beispiele der feinen kulinarischen Vielfalt im Restaurant „Vier Jahreszeiten". Dazu werden gerne vor allem Weine aus Sachsen und dem Saale-Unstrut-Gebiet, aber auch aus dem Badischen kredenzt.

PYKER

MEDAILLONS VOM HIRSCHKALBS-
RÜCKEN IN SCHWARZBROT-
WALNUSSKRUSTE GEBRATEN MIT
HOLUNDERBEERSOSSE UND
STEINPILZ-WIRSINGSTRUDEL

Für 4 Personen

Zutaten: 8 Medaillons à 60 g, 1 Ei, 100 g fein geriebenes Schwarzbrot, 100 g gehackte Walnüsse, Mehl, Pfeffer, Salz, zerdrückte Wacholderbeeren, Butterschmalz, 0,4 l Holunderbeernektar, 0,4 l Rotwein, 0,3 l kräftiger Wildfond, 120 g Zucker, 400 g Steinpilze, 400 g Wirsing, 200 g gekochte Kartoffeln, 80 g Rauchspeck, 80 g Schalotten, 80 g Sahne, 2 Eigelb, Muskat, Pfeffer, Salz, 2 Lagen Wiener Strudelteig

Zubereitung: Schwarzbrot und Walnüsse mischen. Medaillons würzen, mehlieren, durch verquirltes Ei ziehen, vorsichtig Schwarzbrot-Walnusspanade anklopfen (Medaillons dürfen dabei nicht plattiert werden), in heißem Butterschmalz von beiden Seiten je 3 Minuten braten. Zucker karamellisieren, mit Holundernektar und Rotein ablöschen und sirupartig reduzieren. Anschließend mit dem Wildfond auffüllen und nochmals kräftig aufkochen.
Rauchspeck würfeln und auslassen, gewürfelte Schalotten zufügen, leicht durchschwitzen. Wirsing ohne Strünke blanchieren und in feine Streifen schneiden. Steinpilze federig schneiden, zu Rauchspeck geben und köcheln, bis keine Flüssigkeit mehr vorhanden ist. Wirsing zugeben, vom Feuer nehmen, durchgepresste Kartoffeln, 1 Eigelb und Sahne zufügen, mit Gewürz abschmecken. 1 Lage Strudelteig auf einem Tuch ausbreiten, mit flüssiger Butter bestreichen, eine weitere Lage Teig darauflegen, die Füllung daraufsetzen, mit dem Tuch zu einer Rolle formen. Im Ofen bei 180 °C backen.

PANORAMA HOTEL

PANORAMA HOTEL

DORFSTRASSE 35
18551 LOHME
TELEFON   038302-9221
TELEFAX   038302-9234
WWW.LOHME.COM

ÖFFNUNGSZEITEN RESTAURANT:
TÄGLICH 12–21.30 UHR

Mit einer geradezu wagnerianischen Naturszenerie wartet der Nordosten der Insel Rügen auf. Die Kreidefelsen der wohl berühmtesten Steilküste Deutschlands stehen am Rand des etwa 30 Quadratkilometer großen Nationalparks Jasmund. Niemand reist nach Rügen, ohne wenigstens einmal die Wissower Klinken oder den Königsstuhl gesehen zu haben. Zahllose Naturfreunde und Kunstkenner suchen Caspar David Friedrichs romantischen Inselblick. Wer sich dem Mythos der Insel in aller Stille nähern möchte, sollte in den beschaulichen Küstenort Lohme reisen. Vom ältesten Seebad Rügens (1855) bis zu den bizarren Klippen ist es nur eine Wegstunde durch herrlichen Buchenwald. Man sollte die Felsen am Vormittag sehen, am besten noch vor dem verschwitzten Mittagsgewimmel, wenn sich der dunstig-silbrige Morgenschleier verflüchtigt und das Meer zu leuchten beginnt. Eigentlich aber braucht, wer ein fantastisches Naturschauspiel erleben will, sich gar nicht aus dem Panoramahotel von Lohme fortzubewegen. Die Villa im klassischen Bäderstil steht atemberaubend dicht am Klippenrand hoch über dem Meer. Wind fegt Schaumkronen über das Wasser und rüttelt an den großen Fenstern des Wintergartens. Nirgendwo sonst bekommt man einen solch dramatischen Sonnenuntergang über Kap Arkona zu sehen. Begeistert von diesem Küstenpanorama ließ sich einst der Dichter Theodor Fontane zum Vergleich mit Sorrent hinreißen. So aufregend schön sind jedenfalls nur wenige Häuser an der Ostseeküste platziert. 1991 entdeckte Matthias Oglivie, ein Philosoph aus Aachen, den Ort, stieg auf das Dach des Hauses und sah das Meer …
Eine Investition von zweieinhalb Millionen Euro für Renovierung und Ausbau war ihm

diese Aussicht wert. Zum romantischen Meeresblick kocht Küchenchef Stefan von Heine vornehmlich mediterrane Gerichte. Er beherrscht ein überaus weltläufiges kulinarisches Repertoire. Seine Cross-over Küche speist sich aus seinen kulinarischen Erfahrungen in aller Welt – vom Schwarzwald über Veneto bis nach Hongkong und Shanghai. Mit Produkten der Insel aber behält Stefan von Heine immer Bodenhaftung. Den feinen Ostsee-Brathering auf

Apfel-Birnen-Kompott, die Bouillabaisse mit Bodden-Zander sowie seine zarten Lammpralinen mit Kartoffelpüree lobte längst auch „Der Feinschmecker". Frische Zutaten für die Küche, von feinem Käse bis zur Lammhaxe, liefert das nahe Biohofgut Bisdamitz. Einen Ausflug dorthin sollte man nicht versäumen. Gern nimmt Küchenmeister Stefan von Heine die Gäste auch zu den Räucheröfen von Fischer Peters mit.

BISDAMITZER LAMMHAXEN IM THYMIAN-TOMATENFOND

Für 4 Personen

Zutaten:

4 Lammhaxen à 300-350 g,
4 Schalotten, 1 Stange Porree,
1 Karotte, 8 Tomaten, 1/2 Bund Thymian, 2-3 Zweige Rosmarin,
2 Zehen Knoblauch, 1/2 l trockener Weißwein, 1/2 l Fleischbrühe,
Olivenöl, Salz, Pfeffer
Beilage: 3 Paprika (rot, grün, gelb),
1 Zucchini, 12 Kartoffeln Adretta mehlig

Zubereitung:

Backofen auf 150 °C vorheizen. Haxen mit Salz und Pfeffer würzen und mit etwas Olivenöl im Bräter anbraten. Gewürfelte Möhre, Porree und Zwiebeln zugeben. Mit Weißwein und Brühe ablöschen. Thymianzweige, Rosmarin und Knoblauch in den Fond geben. Bräter für ca. 1 Stunde in den Backofen schieben. Dann die Haxen aus dem Bräter nehmen, Fond durch ein Sieb passieren und auf ca. einen halben Liter einkochen. Tomaten erst in heißes, dann in Eiswasser tauchen, Haut abziehen, entkernen und würfeln. Den Fond mit den Tomaten und Thymianblättern noch etwas köcheln lassen, abschmecken. Paprikaschoten entkernen und in Rauten schneiden, ebenso die Zucchini. In Olivenöl anbraten, mit Salz, Knoblauch und Rosmarin würzen. Die Kartoffeln schälen und mit etwas Salz abkochen. Die Haxe in einem großen tiefen Teller anrichten, mit dem Fond begießen, Gemüse und Kartoffeln oben auflegen.

VILLA AEGIR

VILLA AEGIR

MITTELSTRASSE 5
18546 SASSNITZ
TELEFON   03 83 92-30 20
TELEFAX   03 83 92-3 30 46
WWW.VILLA-AEGIR.DE

GEÖFFNET:
TÄGLICH AB 11 UHR,
WARME KÜCHE BIS 22 UHR

Plötzlich verdunkelt sich der Himmel über dem Meer, nur ein Streifen am Horizont leuchtet noch gleißend hell. Wie eine Fata Morgana schwebt weit draußen über dem Wasser die Greifswalder Oie. „Wenn diese kleine Insel mit bloßem Auge zu sehen ist, gibt es Sturm", sagt Andreas Seitz, Küchenchef der Villa Aegir. Er muss es wissen, denn er ist an der Küste aufgewachsen. Und schon peitschen die Wellen schaumweiß über die Mole, nicht weit unterhalb vom Hotel. Das Meer färbt sich tiefblau, dann wieder türkisgrün. Ein herrliches Naturschauspiel, das man so schön windgeschützt durch die großen Fenster des Wintergartens der Villa Aegir beobachten kann. Fischkutter, Ausflugsdampfer und Yachten schaukeln im Hafen. Bei schönem Wetter laden sie zum Ausflug entlang der Rügener Kreideküste ein. Von der Villa Aegir in der Sassnitzer Altstadt bis zum berühmten Hochufer im Nationalpark Jasmund sind es gut eine halbe Stunde zu Fuß. 1988 haben Henry und Erika Mehnert das Haus im Stil der Rügener Bäderarchitektur

erworben und sorgfältig restauriert. 1895 als „Villa Heidemann" erbaut, war es in DDR-Jahren die einzige noch privat geführte Pension der Stadt. Alle anderen wurden Opfer der Verstaatlichung im Namen der „Aktion Rose". Doch die damalige Besitzerin des Hotels, Charlotte Schimmelpfennig, eine Beschützerin der Juden während der Nazizeit, blieb verschont. Nun, fast hundert Jahre nach der Errichtung durch den Kaufmann Heidemann ist die Villa wieder zu einer der ersten Adressen von Sassnitz geworden.

Erika Mehnert, studierte Ingenieurökonomin, ist, ebenso wie ihr Mann, Quereinsteiger in der gastronomischen Branche. Beide aber können sich gut an die Gastwirtschaften ihrer Großeltern erinnern. Eine frühkindliche Prägung, die sie später, im bereits reifen Alter, den beruflichen Neuanfang wagen ließ. Dafür haben sie sich zweifellos einen der schönsten Plätze in Deutschland ausgesucht. Das Grundstück erstreckt sich hügelabwärts bis zum Hafen. Auch mit ihrem Koch machten die Mehnerts einen guten Fang. Andreas Seitz vertritt vehement die pommersche Kochtradition – eine Küche ohne Schnickschnack. Nicht spitzfindige Raffinessen, sondern kräftige, geradlinig zubereitete Speisen stehen auf dem kulinarischen Programm des Insulaners. Als „Kind des Meeres" hat er natürlich die besten Beziehungen zu den Fischern der Insel.

So kommt Fisch nur fangfrisch auf den Tisch. Die Spezialität des Hauses ist das Jasmunder Dorschrückenfilet mit einer Farce aus geräuchertem Seelachs; gefüllt mit Schinkenwürfeln und frischem Dill. Dazu gibt es eine herzhafte Dillsoße mit Speckbohnen und Petersilienkartoffeln. Andreas Seitz kocht seine Gerichte aus Neptuns Reich so authentisch wie ideenreich. Er brät im Frühjahr zur Heringszeit den knusprigsten Ostseehering weit und breit. Hausgemachte Bratheringe werden nach altem Fischerrezept eingelegt. Sassnitzer Fischerfrauen verrieten die Zubereitung des köstlichen Heringssalates mit Äpfeln, Zwiebeln und sauren Gurken. Auf der großen Fischplatte überrascht die handgefertigte Fischwurst. Eine ehrliche Küche mit guten Produkten, die sowohl Einheimische wie Urlauber anzieht.

JASMUNDER DORSCHRÜCKENFILET GEFÜLLT MIT GERÄUCHERTEM LACHS UND SCHINKEN, AUF DILLRAHM, MIT GRÜNEN SPECKBOHNEN UND PETERSILIENKARTOFFELN

Für 4 Personen

Zutaten:

4 Rückenstücke vom frischen Ostseedorsch à ca. 100 g, 80 g Lachsschinken, 80 g kaltgeräuchertes Lachsfilet, 500 g grüne Bohnen, 80 g Bauchspeck, 300 ml hellen Fischfond, 100 ml süße Sahne, 100 g Butterschmalz, 3 Eier, 1 Bund Petersilie, 2 Bund Dill, Mehl, Saft einer Zitrone, Jodsalz, Pfeffer

Zubereitung:

Die gewaschenen und mit einem Küchenkrepp trockengetupften Rückenstücke vom Ostseedorsch mit Zitronensaft beträufeln und eine Stunde im Kühlschrank marinieren lassen. Den Lachsschinken und das Lachsfilet sehr fein hacken und mit 1 EL geschnittenem Dill locker vermischen. In das Dorschfilet seitlich eine Tasche einschneiden und mit der Schinken-Lachs-Mischung füllen, leicht andrücken und mit wenig Jodsalz von außen würzen. Die Eier aufschlagen und mit Pfeffer aus der Mühle würzen. Dann das gefüllte Dorschfilet in Mehl wälzen, durch das geschlagene Ei ziehen und in heißem Butterschmalz ca. 2-3 Minuten von jeder Seite anbraten. Die geschnittenen Bohnen mit etwas Bohnenkraut gar kochen, den Bauchspeck in Streifen schneiden, anbraten und mit den abgetropften Bohnen und etwas gehackter Petersilie vermischen. Mit etwas Pfeffer würzen. Den Fischfond etwas reduzieren lassen, die Sahne hinzufügen, mit Jodsalz, Pfeffer, Zitronensaft und einer Prise Zucker würzen, mit dem Mixstab aufschäumen, zum Schluss gehackten Dill unterziehen.

Die Ostseeinsel Usedom ist nach Rügen die zweitgrößte Insel Deutschlands. Ein 38 Kilometer langer, makellos weißer Strand verbindet die alten Fischerorte, die sich seit der vorletzten Jahrhundertwende in Ferienoasen verwandelt haben.

Restaurierte Hotels und Pensionen im fröhlichen Stilgemisch jener Gründerjahre prägen seewärts das Bild der Insel. Landeinwärts, am buchtenreichen Achterwasser, ducken sich noch rohrgedeckte Fischerhäuser in den Sand. Die Landschaft, umgrenzt von Achterwasser, Peenestrom und dem Kleinen Haff ist sanft und vielfältig: Mit Winkeln, Haken, Heide, Bruch, Brachland, Feldern, Buchenwäldern und zahlreichen Seen. Sie ist hügelig wie die Usedomer Schweiz und platt wie das Thurbruch, ein von schnurgeraden Gräben durchzogenes Flachmoor.

Die Ferieninsel Usedom ist ein Dorado für Familien, Nacktbader, Angler, Segler und Wanderer. Das See- und Waldklima auf diesem Eiland gilt als besonders ausgeglichen und milder als das aller anderen Ostseeinseln, wobei eine Wetterscheide bei Koserow Usedom in den regenärmeren Nordwesten und feuchteren Südosten trennt. 1720 hatten die Preußen das Eiland den Schweden abgekauft. Swinemünde, seit 1945 auf polnischem Staatsgebiet, wurde zur bedeutendsten preußischen Hafenstadt und 1824 erstes mondänes Seebad der Insel von illustren Gästen wie Kaiser Wilhelm II. besucht. Das zog feinstes Klientel vor allem in die drei großen Inselbäder Bansin, Ahlbeck und Heringsdorf. Noch heute findet man in diesen Orten, die sich als „Kaiserbäder" annoncieren, eine für Deutschland einmalige Fülle von edler Bäderarchitektur. Ein zehn Kilometer langer, breiter Strand und eine gepflegte Strandpromenade verbindet die Orte, deren Kronjuwel zweifellos Heringsdorf ist. Hier wohnte einst, wer auch in der Sommerfrische nicht auf den Dunstkreis der Hohenzollern verzichten konnte. 1819 vom Rittergutsbesitzer und Oberförster von Bülow – ein Vorfahre Loriots – als Fischerkolonie gegründet, gab ihr schon zwei Jahre später Kronprinz Friedrich Wilhelm (IV.) angesichts üppiger Heringsfänge den sinnfälligen Namen. Hoheit logierten im noch heute als Pension existierenden „Weißen Schloss". Bald bauten sich die Reichen des Reiches hier ihre kleinen Palais mit Blick auf das Meer. Neben den Spitzen der deutschen Finanzwelt flanierte auch eine nicht unbedeutende Künstlerschar über die parkgleiche Strandpromenade. Der Dichter

gern" kam das kleine Bad groß in Mode, nicht zuletzt auch weil es sich als erstes Seebad mit „Freibadeerlaubnis" annoncieren konnte. Heute wird es gern von jenen besucht, die noch ein Stück ursprüngliches Inselleben suchen. Früh morgens kann man hier die Fischer aufs Meer hinausziehen sehen. Vor den alten Hütten am Fischerstrand voller Stellnetze, Angelschnüre und Fischkisten räuchern sie später ihren Fang. Auch die Ahlbecker Dünenstraße ist von kaiserzeitlichen Hotels und Pensionen flankiert. Ebenso wie Heringsdorf ist dieser Ort längst kleinstädtisch dem ehemaligen Fischerdorf entwachsen, doch findet man hier noch immer Spuren vom alten Dorf. Vor allem aber sein schneeweißes, türmchenbespicktes Wahrzeichen, die einzige alte Seebrücke an der Ostseeküste, Drehort für Loriots Film „Papa ante portas", hat den Ort berühmt gemacht. Im Westen der Insel ist Zinnowitz das prächtigste Seebad. Restaurierte Pensionshäuser prägen die Silhouette der Strandpromenade, auf der schon die Bestsellerautorin Hedwig Courths-Mahler lustwandelte. Die Zweckbauten aus den Jahren, da Zinnowitz fast ganz in der Hand der „SDAG Wismut" (Sowjetisch-Deutsche Aktiengesellschaft) war, sind fast alle mondän saniert.

Theodor Fontane hätte sich gerne auf dem Kulm ein kleines weißes Haus gekauft, doch ihm war der Ort zu teuer. Johann Strauß logierte mit seiner Frau Adele in der „Villa Anna". Der Schriftsteller Willibald Alexis setzte sich vehement für den Bau der Heringsdorfer Kirche ein. Heinrich Mann wohnte im Juli 1923 im „Strandhotel". Von Juni bis September 1922 mietete Maxim Gorki die „Villa Irmgard" an der

nach Bansin führenden Straße. Bansin, die jüngste und kleinste der drei Schwestern, wurde 1897 auf „grüner Wiese" und im Windschatten des prosperierenden Weltbades Heringsdorf gegründet. Noch heute findet man hier westlich des Ortes üppige Wälder und einsame Strände. Die damals in nur einem Jahr in reizvollem Stilmischmasch der Jahrhundertwende und ganz nach den Ansprüchen verwöhnter Badegäste erbaute Bergstraße erstrahlt heute in neuem Glanz. In den „Goldenen Zwanzi-

INSEL USEDOM

Nicht weit vom Badebetrieb bietet die Insel aber auch Refugien für Wanderer, Natur-liebhaber und Ruhebedürftige. Reizvoll ist ein Ausflug in das Naturschutzgebiet Möwenort mit blühenden Trockenwiesen und Feuchtbiotopen. Hagebutten, Schlehen, Holunder und Ebereschen akzentuieren malerisch die weiten Wiesenflächen bis hin zum dunklen Kiefernsaum. Leise schwappt Achterwasser an kleine sandige Buchten. Hier trifft man Hasen, Rehe und nur sehr wenige Menschen.

Seite 84: Ahlbeck, Seebrücke
Seite 85: Ostseeidylle auf Usedom

Seite 86 oben: Peenemünder Haken,
*   am Nordwestzipfel Usedoms*
Seite 86 unten: Nach getaner Arbeit:
*   Fischer auf Usedom*

Seite 87 oben: Möwenrefugium der Insel
*   Peenemünder Haken*
Seite 87 unten: Wolgast

FISCHRESTAURANT WATERBLICK

FISCHRESTAURANT WATERBLICK

AM MÜHLENBERG 5
17495 LODDIN/INSEL USEDOM
TELEFON   038375-20294
TELEFAX   038375-20620

GEÖFFNET:
TÄGLICH 11.30–23 UHR
SAMSTAG AB 19 UHR
ERTÖNT DAS SCHIFFERKLAVIER

„Fisch muss schwimmen", dachte sich der Loddiner Gastwirt Peter Noack zurecht und erfand einen eigenen Aquavit. Damit sein „Wikinger-Feuer" zu vollen Reife gelangt, schickt er es im Bauch der Schoberbrigg „Greif" sechs Monate auf hohe See. Eine alte skandinavische Methode, nach der das sanfte Schaukeln der Wellen das hochprozentige Gebräu mit dem milden Aroma der Akazienfässer vermählt. Peter Noack ist immer für eine Überraschung gut. Ihm gehört auch der wahrscheinlich nördlichste Weinberg Deutschlands. „Feinste Südlage" unweit des Boddens mit 100 Rebstöcken aus dem Anbaugebiet an der Nahe. In dem etwa 700-jährige Dorf Loddin an der „Lachsbucht" mit alten Scheunen und reetgedeckten

Backsteinhäusern ist das alte Fischerdorf noch spürbar. Bis zum Herbst wird im Meer gefischt, dann ziehen die Boote auf das Achterwasser. Später landet der Fisch der Freester Kutterfischer – bei denen der 18-jährige Gastronomensohn Frank Noack in die Lehre geht – in den Töpfen, Pfannen oder im Räucherofen des Restaurants „Waterblick". Dort, am Ende des Dorfes, beginnen die blühenden Wiesenhügel des Loddiner Höft. Die unbewohnte Halbinsel ist einer der lieblichsten Landstriche Usedoms. In die mit vielen Schiffsmodellen, Schifferklavier und Kapitänsbildern maritim gestaltete Gaststube kommen die Gäste, um bei einem wahrhaft schönen Ausblick auf Wiesen und Wasser echte pommersche Küche zu genießen. Deren typisches Merkmal ist der eher liebliche Geschmack. Seit Generationen hat man hier das Rezept für die süßsaure Specksoße zu frischem Fisch bewahrt. Selten findet man so herrlich frische Produkte mit altem Wissen vereint. Das Geheimnis der Soßen zu Fisch allerdings, der Friederskreude – das ist eingekochter Saft aus Holunderbeeren – stammt von den Vorfahren aus Hinterpommern. Typisch hinterpommersch sind auch die Fischkartoffeln. Eigentlich ein altes Arme-Leute-Essen: Kartoffeln werden in Gewürzen gekocht, mit denen man sonst den Fisch kocht. Später werden sie mit Milch und Mehl gebunden und mit viel Dill sowie Petersilie gewürzt. Dazu gibt es stets Geräuchertes, egal ob Schinken, hausgemachte Wurst oder Fisch. Zur pommerschen Küche gehört natürlich auch eine ordentliche Portion Fleisch, zum

Beispiel die Sülze von Snuten und Poten. Von „Mudder Schmidten ut Vorpommern" weiß man hier noch, wie eine Loddiner Deichlammkeule mit Speckbohnen zubereitet wird. Vier Frauen schwingen in der Küche den Kochlöffel. Regie führt die Wirtin Doris Noack. Ihr Mann ist eher mit Bacchus im Bunde. Hauptsächlich deutsche Weine stehen auf der Karte.

𝓛ODDIN

ZANDER IN DILLSOSSE

Für 4 Personen

Zutaten:

1 kg frischer Ostsee-Zander,
2 l Wasser,
4 TL Salz,
Piment,
Lorbeerblatt,
1 Zwiebel,
weißer gemahlener Pfeffer,
1/2 l Milch,
1 EL Mehl,
125 g Butter,
frischer Dill und Petersilie (gehackt)

Zubereitung:

Das Wasser mit dem Salz, Piment und Lorbeerblatt zum Kochen bringen. Inzwischen den Zander portionieren und zusammen mit der Zwiebel ins kochende Wasser legen. Etwa 10 Minuten leicht köcheln lassen, bis sich das Fleisch von der Gräte löst. In der Zwischenzeit die Milch, das Mehl und den Pfeffer verrühren. Den Zander mit der Schaumkelle in eine Anrichteschüssel geben und die Butter sowie die gehackten Kräuter darauf verteilen. Vom Fischsud etwa 1/3 weggießen. Den Rest mit der angerührten Milch aufkochen lassen. Nun die heiße Soße über den Zander gießen. Dazu reicht man Pellkartoffeln und Gurkensalat.

KRÄUTERSTUBE

KRÄUTERSTUBE IM HOTEL OASIS

STRANDPROMENADE
17424 SEEBAD HERINGSDORF
TELEFON   038378-2650
TELEFAX   038378-26599
WWW.HOTEL-OASIS.DE

DAS RESTAURANT IST DAS GANZE JAHR ÜBER
TÄGLICH GEÖFFNET

An der Strandpromenade von Heringsdorf flanierten einst die Reichen des Reiches, hier logierte die Spitze der deutschen
Finanzwelt, umgeben von Geheimen und
Ordentlichen Kommerzienräten. Nach dem
Zugeständnis des preußischen Staates auf
freie Wahl des Wohnsitzes bauten sie sich
ihre Häuser inmitten großzügiger Parks. Die
Vornehmsten stehen in der ersten Reihe mit
Blick auf das Meer. Hier ließ 1896 auch
ein Berliner jüdischer Bankier die Jugendstilvilla „Oasis" erbauen. 1994/95 wurde das
kleine weiße Schloss am Meer aufwändig
restauriert. Für Ulrike und Wolfgang Maihöfer war es Liebe auf den ersten Blick. Seit
über 20 Jahren sind die beiden Schwaben
erfolgreich im Gastronomiegeschäft tätig.
Immerhin haben sie ihr Handwerk in der
„Traube Tonbach" in Baiersbronn erlernt.
Später führten sie in Florida ein deutsches
Restaurant; dann einen Landgasthof bei
Tübingen, in dem sie mit hausgemachter

Schlachteplatte eine gehobene bodenstän-
dige Küche zelebrierten. Schon mit ihrem
ersten eigenen Restaurant in Freudenstadt
konnten sie im Gault Millau Lorbeeren ern-
ten. Bevor die Maierhöfers an der Ostseeküste landeten, führten sie ein Haus in der
Nähe von Berlin. Da war der Weg in den
Norden nur noch halb so weit. Das „Oasis"
ist nicht nur in ihren Augen eines der
schönsten Häuser an der Ostseeküste.
Während sich Ulrike Maihöfer um den
Service kümmert, beherrscht ihr Gatte das
Küchenreich. Hier kocht er international,
ohne die regionalen Spezialitäten zu verleugnen. Natürlich bleibt er auch seiner
schwäbischen Herkunft treu. Fürwahr eine
Bereicherung, hat man erst einmal die Medaillons vom Hirschkalbsrücken mit Walnusskruste zu Zimt-Sauerkirschsoße und
hausgemachten Schupfnudeln und Spätzle
probiert. Himmlisch der Abschluss aus ge-
eistem Ofenschlupfer mit Holundersoße.

Eine wohlsortierte, vornehmlich französisch ausgerichtete Weinkarte und gedämpfte Musik erhöhen die Sinneslust in den vier Räumen des Restaurants „Kräuterstuben". Der Name spricht von der Vorliebe des Kochs für frische Kräuter, die er auch aus eigenem Garten holt. „Frisch wie die verwendeten Kräuter ist das Etablissement selbst", schrieb der „Stern". Und: „Vor allem die Variationen an Lamm oder Fisch gelten als guter Tipp". Sind im Frühjahr die Usedomer Heringswoche heran, gerät Küchenchef Maihöfers Fantasie in Wallung. Immer neue ungewöhnliche Heringsrezepte stehen dann auf einer Spezial-Karte. Das gibt es den „Sächsischen Heringsteller" mit gebratener Schweineleber oder den gebratenen Heringsfächer an Tomate-Mozarella mit frischem Ackersalat. Die frische neue Küche des Schwaben am Ostseestrand genießen Tagesgäste ebenso wie die Hotelbewohner.

Eine kulinarische Rarität ist der „Originale Elsässer Flammkuchen". In den 18, mit italienischen Stilmöbeln ausgestatteten Doppelzimmern und Juniorsuiten des Hauses sowie im Gästehaus „Jagdschlösschen" genießt der Gast Wohnkultur auf höchstem Niveau. Wohl dem, der das Prunkstück des Hauses, das Terrassenzimmer mit Meeresblick, gemietet hat.

REHRÜCKEN MIT PFIFFERLINGSCRÊPE AUF PETERSILIENWURZELPÜREE AN EINER HOLUNDERSOSSE

Für 4 Personen

Zutaten:

400 g ausgelöster Rehrücken,
160 g Kalbsfarce,
120 g frische Pfifferlinge, Schalotte,
2 ausgebackene Kräutercrêpes

Für das Püree:

200 g Petersilienwurzel,
80 g Butter,
etwas Sahne,
Salz,
Pfeffer

Für die Soße:

400 ml Rehfond,
150 ml Holunderblütensaft,
30 g Holunderbeeren

Zubereitung:

Die Hälfte der Pfifferlinge klein hacken und mit Schalottenwürfeln in geklärter Butter anschwitzen, anschließend mit Salz und Pfeffer würzen. Die angeschwitzten Pfifferlinge mit der Kalbsfleischfarce vermengen, dann dünn auf die Crêpes aufstreichen. Den gewürzten Rehrücken auf den Crêpe legen und einrollen. Das Ganze in Alufolie wickeln und im Ofen bei 210°C 15 Minuten garen, danach noch 5 Minuten ruhen lassen. Die Petersilienwurzeln in Salzwasser weich kochen, Wasser abgießen. Die Wurzeln 5 Minuten im Ofen ausdampfen lassen, dann mit dem Mixer pürieren, anschließend mit der kalten Butter und Sahne aufmontieren, mit Salz und Muskat abschmecken. Rehfond und Holunderblütensaft zu einer kräftigen Soße einreduzieren, Holunderbeeren hinzugeben und alles einmal kräftig aufkochen lassen, mit Salz und Pfeffer abschmecken und mit Butterflocken abbinden.

SEEBRÜCKENRESTAURANT KÄPT'N NEMO

In Heringsdorf schiebt sich die längste Seebrücke Kontinentaleuropas 508 Meter weit ins Meer. Unweit der Stelle, an der 1957 die alte Gründerzeitbrücke abbrannte, ist eine futuristische Version aus Stahl, Glas und Beton entstanden. Mit vielen kleinen Läden und überdachtem Freiluftwandelteil ist sie zu jeder Jahreszeit beliebter Treffpunkt. Die

Brückenbauer setzten dafür 13,5 Millionen Euro in den Grund, aus dem schon vor über hundert Jahren der schwerreiche Berliner Finanzier Hugo Delbrück mit der Gründung der „Aktiengesellschaft Seebad Heringsdorf" ein modernes Weltbad stampfte. Weit draußen über den Wellen der See bietet ein gläserner Pavillon nicht nur Schutz vor Wind und Wetter, sondern auch zahlreiche kulinarische Genüsse. Die beiden Restaurants an der Spitze der Seebrücke befriedigen gastronomische Bedürfnisse ganz unterschiedlicher Couleur. Während es im „Nauticus" vorwiegend rustikale, zumeist regionale Gerichte gibt, steht das feine, kleine „Käpt'n N" dem gehobenen Geschmack offen. Ein Gourmetstübchen, in dem sich Küchenchef Marcus Lübke ganz der französischen Küche verschrieben hat. Mit Erfolg, wie im Gault Millau, für den Lübke die „unbestrittene Nr. 1 auf Usedom" ist, geschrieben steht: „Pikant gewürzte Hummerkrabben im Tempurateig, Ostsee-Meeresforelle im Strudelblatt auf Safrannudeln oder Loupe de mer auf Olive, Peperonigemüse und Wermutrisotto zaubert Lübke mit spielerischer Leichtigkeit und großer Souveränität auf die Teller. Eine Sünde wert auch Desserts wie weißes Kaffee-Eis in der Hippenblüte mit Amarattoschmand ..." Das

SEEBRÜCKENRESTAURANT KÄPT'N NEMO

SEEPROMENADE/SEEBRÜCKE 1
17424 SEEBAD HERINGSDORF
TELEFON   03 83 78 - 2 88 17
TELEFAX   03 83 78 - 2 88 19
WWW.SEEBRUECKE-HERINGSDORF.DE

GEÖFFNET:
KÄPT'N N TÄGLICH 18 – 23 UHR
NAUTICUS TÄGLICH 10 – 22 UHR

Parfait von der Gänsestopfleber aus Israel ist hier ebenso beliebt wie die Schaumsuppe aus frischem heimischen Bärlauch. Ein französisch-mecklenburgisches Duett ist das Schmetterlingsteak vom Stubenkücken auf getrüffeltem Steckrüben-Püree. Wer so nahe dem Wasser von leckeren Fischgerichten träumt, findet eine Auswahl von hiesigem Hering über Rochenflügel bis Sushi von Ostseefisch. Mit dem wöchentlichen Wechsel der Karte hat der kreative Koch keine Not. „Die Ideen kommen, sobald ich am Herd stehe", sagt Marcus Lübke. Seine erste Usedomer Sporen hatte er sich bei seinem jetzigen Geschäftspartner Karl Lukomski verdient. Die beiden waren schon im Usedomer Hotel „Oasis" ein erfolgreiches Team. Seit dem Frühjahr 2000 sorgen sie mit einem schlüssigen Gastronomiekonzept dafür, dass man auf der Heringsdorfer Seebrücke sowohl den alltäglichen Bärenhunger als auch den Appetit auf etwas ganz Besonderes stillen kann.

STRUDEL VON FLUSSKREBSEN AUF TOMATENCONFIT UND VANILLESCHAUM

Zutaten:
Strudel

200 g Strudelteig (TK), 2 kg Flusskrebse,
2 Sushi-Blätter, 2 EL Hummerbutter,
200 g Sahne, 2 Eiweiß, 1 Spritzer Pernod,
1 Bd. Schnittlauch, 1 TL Paprikapulver edelsüß,
1 TL Kümmel

Tomatenconfit

1 Schale Kirschtomaten, 1 Schalotte, 20 g Butter, 1 Lauchzwiebel, 1 Spritzer Balsamico, 2 cl Tomatensaft

Vanilleschaum

1/4 l Fischfond, 1/4 l Sahne,
90 g Butter, 2 Vanilleschoten

Zubereitung:
Strudel von Flusskrebsen

Die Hälfte der Flusskrebse in 2 l kochendem Wasser mit 2 TL Salz, 1 TL Kümmel, 1 TL

Paprikapulver ca. 3-4 Minuten pochieren. Flusskrebse herausnehmen und unter kaltem Wasser abschrecken, die Flusskrebsschwänze vom Körper abdrehen und das Fleisch auspulen. Beiseite stellen (Einlage).
Für die Farce die andere Hälfte der Flusskrebse ca. 1 Minute kochen, mit kaltem Wasser abschrecken und pellen. Die rohen ausgelösten Flusskrebsschwänze mit Eiweiß, 2 TL flüssiger Hummerbutter, 200 g flüssiger Sahne, 1 Spritzer Pernod, 1/2 TL Salz und 1 Bd. geschnittenem Schnittlauch kurz mixen, bis sich eine homogene Masse ergibt. Alle Zutaten müssen sehr kalt verarbeitet werden. Mit einem Holzlöffel die gekochten Flusskrebsschwänze unterziehen. Farce kalt stellen – ruhen lassen (ca. 1/2 Std.). Den aufgetauten Strudelteig von beiden Seiten leicht mit Mehl bestäuben, auf ein Küchenhandtuch legen, zwei Sushi-Blätter auflegen. Die fertige Farce auf die Blatter streichen, den Strudelteig wurstartig mit dem Handtuch um die Farce legen, die Enden zusammendrücken. Backblech mit Backpapier auslegen, Strudel aufsetzen und mit etwas – mit einem Spritzer Wasser vermischten – Eigelb bestreichen. Nun für ca. 8-10 Minuten bei 165°C in den vorgeheizten Umluftofen schieben.

Vanilleschaum

Die flüssige Sahne mit zwei aufgeschnittenen Vanillestangen und dem Fischfond bei schwacher Hitze auf 1/3 einkochen. Vanillestangen auskratzen und die kalten Butterflocken unterschlagen.

Tomatenconfit

Die halbierten Kirschtomaten mit Butter, fein geschnittenem Lauch und fein gewürfelten Schalotten an schwitzen und mit etwas Tomatensaft und Aceto-Balsamico abschmecken.

ROMANTIK STRANDHOTEL ATLANTIC

ROMANTIK STRANDHOTEL
ATLANTIC

STRANDPROMENADE 18
17429 SEEBAD BANSIN
TELEFON   03 83 78 - 605
TELEFAX   03 83 78 - 60 600
WWW.A-HOTELS.DE

ÖFFNUNGSZEITEN DES RESTAURANTS:
TÄGLICH AB 17.30 UHR, IN DER SAISON
MITTAGS AUCH KLEINE TERRASSENKARTE

Bansin, jüngste und kleinste Schwester der drei Usedomer „Kaiserbäder", wurde 1897 auf grüner Wiese als Badeort erbaut. Immer mehr Gäste suchten an den stillen weiten Stränden und üppigen Wäldern vor allem Besinnlichkeit. Behaglichkeit und Naturnähe sind noch heute der Vorzug des kleinen Badeortes, der mit den „Goldenen Zwanzigern" ganz groß in Mode kam, und das um so mehr, als er sich als erstes Seebad mit „Freibadeerlaubnis" annoncieren konnte. Die im Gründungsjahr des Badeortes im reizvollen Bäderstil erbaute Bergstraße erstrahlt heute in neuem Glanz. Hier hat sich in unübertroffener Fülle die architektonische Vielfalt der Jahrhundertwende bewahrt. Doch nicht alle der pastellfarbenen Villen haben den Vorzug, wie das kleine Luxushotel „Atlantic" gleichsam an Bansins Prachtstraße und unmittelbar an der Strandpromenade zu stehen. Dieses architektonische Kleinod blickt mit verspielter Schaufassade direkt auf das Meer. Ein Strandhotel, das von Anbeginn an für ein anspruchsvolles Publikum konzipiert war – mit Marmorbädern, Seidentapeten und Wurzelholzverkleidungen. Leises Klirren und Glitzern der Kristalllüster erfüllt wie einst das Restaurant. Jahrhundertwendecharme in warmen Holztönen und Messingglanz, historisch korrekt drapiert mit Palmen. Die hohen Rundbogenfenster gewähren einen herrlichen Ausblick auf Strand und Wellen. Bei mildem Wetter genießen die Gäste Kaffee und Kuchen am liebsten auf der Sonnenterrasse. So exquisit wie das

Ambiente ist auch das Angebot der Küche. Hier steht der Hoteldirektor selbst am Herd. Marek Rausch favorisiert eine feine regionale Küche mit frischen Produkten aus eigenem Land. Hirsch und Wildschwein stammt aus den hiesigen Forsten, Fisch aus den Fängen der Inselfischer. Dass Marek Rausch aber auch das Handwerk internationaler Kochkunst beherrscht, beweist sein mit Gänsemastleber gefülltes Wachtelkotelett. Doch immer wieder schlägt er raffiniert einen Bogen zu lokaler Gourmandie und fügt der Wachtel statt Trüffel die dem mecklenburg-vorpommerschen Gaumen so vertraute Backpflaume hinzu. Aus der bodenständigen Rübe zaubert er ein leckeres Rote-Beete-Schaumsüppchen. Auch der Schnäpel, der den Feriengästen oft unbekannte Ostseelachs, kommt bei ihm zu ganz neuen kulinarischen Ehren. Den inzwischen viel begehrten Zander hingegen bringt er in immer wieder überraschend neuer Zubereitung auf den Tisch. Dabei muss fein tafeln nicht immer furchtbar teuer sein. Jeden Samstagabend hält Marek Rausch ein Fünf-Gang-Menü klassischer französischer Provenienz für einen gastfreundlichen Preis von maximal 49 Euro bereit. In seinem Restaurant sollen sich Sommergäste und Insulaner gleichermaßen wohlfühlen.

WACHTELKOTELETT GEFÜLLT MIT GÄNSEMASTLEBER UND BACKPFLAUMEN

Für 2 Personen

Zutaten:

1 Wachtel,
2 Scheiben Gänsemastleber,
1 Backpflaume,
2 große blanchierte Wirsingblätter,
2 Schweinenetze,
Salz,
Pfeffer

Zubereitung:

Von der Wachtel die Brust und die Keulen ablösen. Die Keulen vom oberen Schenkelknochen befreien und leicht klopfen. Die Brust ebenso leicht klopfen. Auf den Schenkel die Scheibe Mastleber und obendrauf die Backpflaume legen. Das Ganze mit der Brust bedecken, in die Wirsingblätter hüllen und mit den Schweinenetzen umschließen. In der Pfanne anbraten, danach 10–15 Minuten bei 160 °C im Rohr garen.

Jägerstube und Hermann Christoph von Hertell

Landhotel Rittergut Bömitz

Dorfstrasse 14
17390 Anklam/Bömitz
Telefon 03 97 24 - 2 25 40
Telefax 03 97 24 - 2 25 41
www.landhotel-boemitz.de

Geöffnet:
„Jägerstube"
täglich durchgehend geöffnet
Restaurant „Hermann Christoph
von Hertell" nur auf Bestellung

Der Weg zum Landhotel Bömitz schlängelt sich durch die Weiten der alten Jagdgründe zwischen Peenemoor und Stettiner Haff. Kaum eine Viertelstunde von der Insel Usedom entfernt, jenseits aller Urlaubshektik, liegt ein altes Rittergut, das, gleichsam heiter und melancholisch, durchaus eine stimmungsvolle Kulisse für die Inszenierung eines Stückes des russischen Dichters Tschechow abgegeben könnte. Kugelig geschnittene Hainbuchen umringen das kleine Rosenrondell vor dem dreiflügeligen Gutshaus mit klassizistischem Mittelbau. Auch die Wirtschaftsgebäude und Stallungen stammen noch aus der zweiten Hälfte des 18. Jahrhunderts und wurden einst durch den in schwedischen Diensten stehenden Hauptmann von Hertell erbaut. Pferde weiden auf den Wiesen, Störche nisten auf dem Dach, im Herbst kann man

den Brunftschrei der Hirsche hören. Das gewaltige Hirschgeweih im Treppenhaus ist Trophäe familiärer Jagdleidenschaft. Die Grundlage für die Wildkraftbrühe mit Hirschleberspätzle in der „Jägerstube" und für die Roulade vom Jungschwein im Gourmetstübchen aber bringen die Jäger aus pommerschen Jagdrevieren. Jagdtrophäen schmücken auch die Wände der „Jägerstube". Hier kann man deftige regionaltypische Gerichte bestellen. Edle Landhausküche wird im kleinen Kaminzimmer serviert. Um in den Genuss der auserlesenen Menüs des jungen Küchenchefs Nils Schmidt zu kommen, muss man sich rechtzeitig anmelden. Nur fünf Tische gibt es im Spezialitätenrestaurant „Hermann Christoph von Hertell", festlich eingedeckt mit feinem Porzellan und altem Tafelsilber. Im Sommer reicht man mitunter eine Speisekarte, mei-

stens aber empfiehlt der Koch ein Mehrgangmenü aus Produkten, die Umgebung und Jahreszeit gerade taufrisch zu bieten haben. Natürlich besorgt er auf Wunsch auch Hummer und Gänsestopfleber. Seine von der Fachpresse lobend registrierte Kochkunst ist so international wie handwerklich sicher. Die Lehrzeit verbrachte Nils Schmidt im Taunus, anschließend kochte er unter Anleitung von Lothar Eiermann im Schloss Friedrichsruh, seit Oktober 1997 hat er mit seiner Kochkunst das versteckt gelegene Rittergut zum Geheimtipp für verträumte Feinschmecker gemacht. Viele der alten Möbel im Haus stammen aus Familienbesitz, manches holte das Ehepaar Adelheid und Sean Backmann-Neumann aus England. Die antike Truhe, das Waschtischchen, die Jagdtrophäe – alles passt so wundersam zusammen, gibt sich so selbstverständlich, wie überhaupt die Gastlichkeit in diesem Haus. Subtil haben die beiden

Hessen die Seele des Gutshofes, der lange Zeit zweckentfremdet und geschunden ein Schattendasein fristete, wieder erweckt. Dem Fremden aber scheint heute, hier wäre die Zeit ganz ungestört vorübergezogen. Leise dringt Gesang eines kleinen Männerchores durch das Haus. Wo gesungen wird, da lass Dich ruhig nieder… Zahlreiche musikalische Veranstaltungen, von Klassik bis zu „Rauf-, Sauf- und Liebesliedern" gehören zum Repertoire des Landhotels.

Bömitz bei Anklam

HIRSCHRÜCKENSTEAK
MIT PREISELBEERSOSSE,
ROSENKOHLBLÄTTERN UND
WÜRFELKARTOFFELN

Für 4 Personen

Zutaten:

800 g Hirschrücken,
100 g Preiselbeerkonfitüre,
1/4 l Sahne, 0,1 l Rotwein,
500 g Rosenkohl,
50 g durchwachsener Speck,
100 g Butter, 1 kg Kartoffeln,
1 kleines Bund Petersilie, Salz, Pfeffer,
2 Zweige Thymian, Muskat, Öl

Zubereitung:

Kartoffeln schälen, in ca. 1 cm große Würfel schneiden und in Salzwasser 5 Minuten blanchieren, trocken tupfen, in Olivenöl und etwas Butter leicht schwenken, mit Salz, Pfeffer und gehackter Petersilie abschmecken.
Rosenkohl putzen und bissfest kochen. Den durchwachsenen Speck in kleine Würfel schneiden und in Butter auslassen. Den gekochten Rosenkohl dazugeben, mit Salz, Pfeffer und Muskat abschmecken.
Hirschrücken in 4 gleich große Stücke schneiden, mit Salz und Pfeffer würzen, in wenig Öl von beiden Seiten 2 Minuten anbraten und die Thymianzweige dazugeben.
Den Hirschrücken nun auf ein Blech setzen und bei 180 °C (Umluft) 10 Minuten im Ofen garen; anschließend bei ausgeschaltetem Ofen noch 5 Minuten ruhen lassen. Den Bratensaft mit Rotwein ablöschen und reduzieren, Sahne zugeben und ebenfalls reduzieren. Zum Schluss Preiselbeeren hinzufügen.

GUTSHAUS STOLPE

GUTSHAUS STOLPE
RELAIS & CHÂTEAUX

DORFSTRASSE 37
17391 STOLPE BEI ANKLAM
TELEFON   039721-5500
TELEFAX   039721-55099
WWW.GUTSHAUS-STOLPE.DE

GEÖFFNET:
GOURMETRESTAURANT
DIENSTAG BIS SONNTAG AB 19 UHR
FÄHRKRUG MONTAG UND DONNERSTAG BIS
SONNTAG 11.30-22 UHR, IM WINTER
MONTAG, DONNERSTAG UND FREITAG
VON 14.30 - 18 UHR GESCHLOSSEN

Nur wenige Kilometer von der Stadt entfernt, in der einst Lilienthal dem Menschheitstraum vom Fliegen Flügel verlieh, hat nun auch ein junger Koch zum Höhenflug angesetzt und nach den Sternen gegriffen. Mit Erfolg. Bereits von Gault Millau mit zwei Kochmützen gekrönt, verlieh nun der Guide Michelin dem Gourmetrestaurant im Gutshaus Stolpe und seinem Küchenmeister Stefan Frank einen Stern. Nach nur etwas mehr als zwei Jahren hoher Küchenkunst – ein kometenhafter Aufstieg. Die kulinarische Karriere von Stefan Frank begann mit der Lehre in der Traube Tonbach in Baiersbronn. Später war er Chefpatissier bei Alfons Schubeck in München, Sous-Chef in der berühmten Villa Hammerschmiede in Pfinztal. Seine köstlichen Kreationen sind eine glückliche Liaison internationaler Gourmetküche und lokaler Gourmandie. Ob Gänsestopfleber oder gebratene hausgemachte Blutwurst mit Schmoräpfeln – die Geschmacksnerven tänzeln vor Wonne. Er kocht aufwändig, manchmal kompliziert, vergisst dabei aber nie, dass es den Gästen vor allem schmecken muss. Das hat sich inzwischen bis nach Hamburg und Berlin herumgesprochen. Schon allein wegen der Desserts – Levantiner Haselnusssouflé mit gegrillten Haselnüssen und Pralineneis! – lohnt sich die Reise. Für kompetenten Service und eine überzeugende Auswahl an Weinen sorgt Restaurantleiter und Sommelier Ralf Heimberger. Dass diese kulinarische

GRATINIERTER HUMMER MIT PERIGODTRÜFFEL UND SCHWARZWURZELN

Für 4 Personen

Zutaten:

2 kanadische Hummer,
120 ml Sauce Hollandaise,
250 g Schwarzwurzeln,
30 g Perigod Trüffel,
3 Champignonköpfe,
200 g Blattspinat,
200 g Blattspinat,
2 EL Kerbel gehackt

Zubereitung:

Das Hummerwasser mit Salz und Kümmel abschmecken. Den Hummer 4 Minuten im kochenden Wasser garen, dann etwa 15 Minuten auskühlen lassen, längs halbieren und die Scheren sowie die Gelenke ausbrechen. Die geschälten Schwarzwurzeln in Salz- und Zuckerwasser blanchieren. Champignons in Scheiben schneiden und braten. Den Blattspinat in 2 EL Butter gar ziehen und mit Pernod, Salz und Muskat abschmecken. Nachdem nun alle Zutaten gegart sind, wird der Hummerschwanz mit dem Spinat gefüllt. Darauf werden abwechselnd ein Stück Hummer, Champignon, Trüffel und Schwarzwurzel gelegt. Den Hummer mit der Hollandaise passieren und ca. 3 Minuten im Backofen gratinieren. Dazu empfiehlt der Meisterkoch kleine gekochte Tüften.

Oase sich dann auch noch als ein zauberhaftes Landhotel mit dem Charme kleiner englischer Landhäuser entpuppt, macht den Ausflug vollkommen. Wer Ruhe, freundliche familiäre Atmosphäre und Luxus ohne Pomp sucht, ist hier gut aufgehoben. Jedes der 33 Gästezimmer wurde von der Hausherrin Jutta Stürken so individuell wie stilsicher eingerichtet. Viele der Betten und Möbel stammen aus England, Lampen und Stoffe aus Frankreich. Im Haupthaus empfängt den Gast das 19. Jahrhundert in sei-

ner freundlichsten Prägung, die Zimmer in der „Remise" atmen mediterranen Atmosphäre. Das dieses gastliche Kleinod überhaupt existiert, ist Kurt Stürken, der eigentlich Geesthacht und den Rest der Welt mit Briefmarkenalben versorgt, zu verdanken. 1994 hat er das Gut seiner Eltern zurückerworben und mit großem Aufwand restauriert. Ebenso den 300 Jahre alten Fährkrug, nur einen Steinwurf weiter, mit Biergarten am Ufer der Peene und frischer regionaler Küche, die man nicht verpassen sollte.

ALTER PASEWALKER BIERKELLER

Der „Alte Pasewalker Bierkeller" in den Gewölben der hübschen weiß verputzen und mit Klinker verzierten Villa ist eine besonders behagliche Oase für Liebhaber des goldenen Gerstensaftes. Eingebettet zwischen Stadtmauer und Kürassierpark wurde sie 1896 nach Plänen des Geheimrats von

Tiedemann als herrschaftliches Wohn- und Gästehaus für den jeweiligen Regimentskommandeur erbaut. Lange Zeit hatten die Uniformen mit karmesinroten Kragen und silbernen Borten des preußischen Kürassierregiments „Königin" das Stadtbild geprägt. Es war ein ganz besonderes Regiment, das 1745 nach der berühmten Schlacht bei Hohenfriedberg mit Privilegien des Königshauses ausgezeichnet wurde. So durfte fortan der Hohenfriedbergmarsch nur noch in Anwesenheit der Pasewalker Kürassiere gespielt werden. Als Prinz Oskar, der fünfte Sohn des letzten regierenden Kaiserpaares, 1910 seinen Militärdienst antreten musste, kam er nach Pasewalk und wohnte in dieser Villa. Hier besuchte ihn auch die Kaiserin. Der letzte Kommandeur und Namensgeber des Hauses war ein Herr von Knobelsdorff, Nachfahre des berühmten Baumeisters vom Potsdamer Schloss Sanssouci. Einer seiner Söhne weihte mit einer Weingroßhandlung als erster den alten Keller der Villa dem leiblichen Genuss. 1996 wurde das Haus in mühevoller und aufwändiger Kleinarbeit wieder zu einer Stätte der Gastlichkeit hergerichtet. Deftige regional inspirierte Gerichte, wie Mecklenburger Sauerfleisch oder Fischpfanne mit gebratenen Haff- und Ostseefischen bestimmen den kulinarischen

ALTER PASEWALKER BIERKELLER
IM HOTEL „VILLA KNOBELSDORFF"

RINGSTRASSE 13
17309 PASEWALK
TELEFON   03973-20910
TELEFAX   03973-209110

GEÖFFNET:
MONTAG BIS FREITAG 11-14.30
UND 17.30-24 UHR
SONNABEND UND SONNTAG 11-24 UHR

Charakter des Hauses. Ebenso ein weiches, vollmundiges Bier, das „Pasenelle Pils", wie es einst in einer der ehemals über 50 Pasewalker Brauereien hergestellt und bis nach Spanien exportiert wurde. Natürlich hat hier das Bier, oft vom Hotelchef Jörg Pommerening persönlich gezapft, einen besonderen Stellenwert. „Pasenelle Urtrunk", ebenfalls nach altem Rezept gebraut und unfiltriert, kommt auch im Zehn-Liter-Holzbierfass auf den Tisch. Königin der Fassbiere aber ist das „Stralsunder Premium Pommeranium Pils". Es wurde nach dem härtesten Biertest der Welt von der Deutschen Landwirtschafts-Gesellschaft e.V. mit dem goldenen Preis 2000 ausgezeichnet. Mit den Bieren verfeinert Küchenchef Carsten Schleise auch Suppen und Soßen. Auch sonst kommen in seine Töpfe möglichst viele Produkte aus der Region. Rindfleisch bezieht er ausschließlich vom

Gut Borken im Landkreis Pasewalk, wo auf riesigen Weideflächen bereits seit 1992 ökologische Landwirtschaft betrieben wird. Das Fleisch der „glücklichen Kühe" von Borken, die nur mit Produkten hofeigener Ernte gefüttert werden, ist wohlschmeckend und zart. Eine Hommage an die alte Zeit ist die „Pasewalker Kürassierplatte". Mit einer solchen regionalen Spezialität wollte schon um 1900 der damalige Bürgermeister der Stadt den Tourismus beleben. Ein Ansinnen, das Jörg Pommerening wieder aufgegriffen hat. Gemeinsam mit drei weiteren Pasewalker Gastronomen und der ortsansässigen Fleischerei näherte er sich durch einst übliche Konservierungsmethoden dem historischen Vorbild und bringt nun zu hausgemachtem Griebenschmalz und frischem Bauernbrot geräucherten Schinken, Kochwurst und marinierten Salat mit viel Zwiebeln auf den Teller.

GRATINIERTES ZWIEBELFLEISCH, SCHEIBEN VON DER POCHIERTEN RINDERHÜFTE MIT MEERRETTICH-ZWIEBELSOßE

Für 4 Personen

Zutaten:

1 kg Rinderhüfte in Scheiben,
1 l Hühnerbrühe, 1 kg Zwiebeln,
1 kg kleine Kartoffeln, 0,4 l Sahne,
100 g Butter, 2 EL Sahnemerrettich,
200 g Gewürzgurken, 0,1 l Weißwein,
20 g Semmelbrösel,
frische Kräuter: Dill, Basilikum,
Rosmarin und Petersilie

Zubereitung:

Die Soße: Zwiebeln putzen und in Scheiben schneiden. Diese so vorsichtig in etwas Butter anschwitzen, dass sie hell bleiben, mit Mehl bestäuben, dann mit 0,4 l Brühe auffüllen, Sahne und Merrettich dazugeben und mit Salz, weißem Pfeffer und etwas Knoblauch abschmecken.

Das Fleisch: Kartoffeln waschen, schälen, bissfest kochen und abkühlen lasen. Das Fleisch unter Zusatz von Piment und Lorbeer in die restliche Brühe geben und leicht köchelnd gar ziehen lassen. Einen Teil der Zwiebelsoße in die Mitte der Teller legen, die pochierte Rinderhüfte teilen und als Fächer auf die Soße legen. Gewürzgurken längs halbieren und ebenfalls auf das Fleisch legen, dann die restliche Zwiebelsoße über die Gurken geben, das Ganze schließlich mit Semmelbrösel bestreuen und auf dem Grill gratinieren. Zwischenzeitlich die Butter in einer Pfanne auslassen, mit Kräutern vermischen, dann darin die gegarten Kartoffeln schwenken und um das Zwiebelfleisch herum anrichten.

HOTEL TREBELTAL

HOTEL TREBELTAL

KLÄNHAMMERWEG 3
17109 DEMMIN
TELEFON   03998-2510
TELEFAX   03998-251251
WWW.HOTEL-TREBELTAL.M-VP.DE

GEÖFFNET:
TÄGLICH 6.30-23 UHR

Es soll einmal zwei Prinzessinnen gegeben haben, Schwestern, die einander sehr zugetan waren. Ihr Hab und Gut teilten sie mit den Worten: „Dat is din und min". So entstand der Name Demmin. Ein Märchen. Wäre es wahr gewesen, diese Schwestern hätten viel aufzuteilen gehabt, denn Demmin, einst Residenz der westpommerschen Herzöge, später bedeutende Hansestadt, war eine der wohlhabendsten Städte dieser Region. Ihren Reichtum schützte sie mit trutzigen Mauern, von denen nur noch Reste erhalten sind. Die Zerstörungswut infolge des Zweiten Weltkrieges konnten sie nicht bannen. Zu 80 Prozent wurde die alte Stadt Opfer der Flammen. Doch das Städtchen an der Mündung von Trebel und

Tollense ist zu neuem Leben erwacht. Das historische Rathaus wurde wieder erbaut. Weit blickt der spitze neogotische Turm von St. Bartholomäus ins Land. Daneben schiebt sich der gewaltige Korpus des alten Speichers an der Peene ins Landschaftsbild. Man findet wohl keinen schöneren Ausblick auf das Stadtpanorama, als durch die großen Fenster des Restaurants vom Hotel Trebeltal. Nomen est omen: zu Füßen des Hotelbaus zieht das Flüsschen Trebel sein glitzerndes Band durch die Wiesen. 1995 auf einer Anhöhe am Stadtrand erbaut, mit 120 Plätzen im Restaurantraum und ebenso vielen auf der überdachten Terrasse, gewährt das Haus stimmungsvolle Rundblicke in die naturgeschütze Landschaft. Während die Gäste den

Ausblick genießen, brät Küchenmeister Jörg Labahn eine kräftige „Demminer Schweinerei" aus Wild-, Kassler- und Schweinesteak. Seine Küche ist so bürgerlich-deutsch wie deftig. Die Fleischgerichte aus Großmutters Gusspfanne stillen jeden Bärenhunger. Das hausgemachte Sauerfleisch wird im Glas serviert. Rindfleisch stammt grundsätzlich aus heimischer Produktion. Natürlich gibt es in dieser wasserreichen Gegend auch ein üppiges Angebot an Fischgerichten. Nur im Suppenkessel vereint Jörg Labahn verschiedene Nationen, kocht die Demminer Hochzeitssuppe ebenso gerne wie ukrainische Soljanka und französische Zwiebelsuppe. Landwirt und Geschäftsführer Horst Beerbaum sorgt mit seinem nahegelegenen Reiterhof für ausreichend Bewegung nach üppigem Mahl. Man kann sich natürlich

auch einen Kremser mieten, auf der hoteleigenen Kegelbahn eine etwas ruhigere Kugel schieben oder sich einfach in die Sauna legen. Bei Regenwetter bietet sich das Solarium an. In der großen Tennishalle gleich neben dem Hotel verkürzen Tischtennis und Squasch einen trüben Tag.

MECKLENBURGER BAUERNKOTELETT

Für 4 Personen

Zutaten:

400 g Sauerkraut,
2 Äpfel,
1 Möhre,
2 Zwiebeln,
50 g Schweineschmalz,
4 Schweinekoteletts,
2 EL Mehl,
Salz,
Pfeffer,
Kümmel,
50 g Butterschmalz,
4 Scheiben magerer Bauchspeck mit Schwarte (à 30 g),
4 Wiener Würstchen,
8 Kartoffelpuffer,
125 g Schmand,
2 EL Schnittlauchröllchen

Zubereitung:

Das Sauerkraut mit Apfel- und Möhrenraspel, Zwiebelwürfel und Schmalz in wenig Wasser kochen und mit Salz, Zucker und etwas Kümmel abschmecken. Koteletts klopfen, salzen, pfeffern und in Mehl schwenken. In Butterschmalz von beiden Seiten braun braten. Kammförmig eingeschnittene Speckscheiben und Würstchen im Bratfett knusprig braten. Je einen frisch gebackenen Kartoffelpuffer auf dem Teller anrichten, darauf Sauerkraut, Kotelett, Speck und Würstchen verteilen und mit dem zweiten Kartoffelpuffer abdecken. Mit heißem Schmand und mit Schnittlauchröllchen bestreuen.

Das Land zwischen Schwerin und Neubrandenburg liegt mehr am Wasser, als es die mindestens hundert Kilometer Entfernung zu Ostsee ahnen lassen. Das Konglomerat von blauen Flächen, Linien und amöbenähnlichen Gebilden auf der Landkarte erweist sich als schier nicht zu bewältigende Wassermasse. Selbst dann, wenn man den ganzen Jahresurlaub nimmt, um über die etwa eintausend Seen zu schippern. Tausende Wasserwanderer verlieren sich auf großen und kleinen, verwinkelten, hinter Wäldern und Hügeln versteckten und weitläufig untereinander verbundenen Grundmoränen-, Rinnen- und Beckenseen. Die Berliner kommen über die Müritz-Havel-Wasserstraße; die Hamburger über den Elde-Müritz-Kanal, fahren von Dömitz an der Elbe bis Waren an der Müritz 150 Kilometer durch Landschaft und alte mecklenburgische Städte wie Plau am See, überwinden 49 Meter Gefälle und siebzehn Schleusen. Dennoch bleibt die Gegend in der allgemeinen Tourismusstatistik weit hinter der Küstenregion zurück. Schlecht für die Region, gut für die Urlauber, vor allem für Paddler und Kanuwanderer. In traumseliger Symbiose verschmelzen hier Wasser und Land. Dörfer duften nach Kindheit und Kamille. Die alten Ackerbürgerstädte sind von herzerfrischender Provinzialität. Große Marktplätze sprechen von einst großen Plänen der klein gebliebenen Städte. Die Müritz, deren Ostufer zum größten Teil zum Nationalparkgebiet gehört, ist das Herzstück der Mecklenburgischen Seenplatte und der größte deutsche Binnensee. 116 Quadratkilometer groß, gibt sie sich stellenweise uferlos. Und bei plötzlichem Nordost ist sie für kleine Boote mords-

gefährlich. Weniger wild gebärden sich die Berge der Mecklenburgischen Schweiz. Diese eine der weltweit etwa 180 „Schweizen" buckelt um die hundert Meter hoch auf ziemlich kleinem Raum nördlich der Mecklenburgischen Seenplatte, die genauso wenig platt wie die Mecklenburgische Schweiz schweizerisch hoch ist. Der Schmocksberg mit 128 Metern und der Schlanke Berg mit 125 Metern sind die höchsten Erhebungen der plattdeutschen Schweiz, deren Besteigung aber wegen begrenzter Aussichtsmöglichkeiten weniger lohnt als die des 96,4 Meter hohen Rötelberges, dessen Rundblick schon in alten Wanderführern als einer der schönsten Mecklenburgs genannt wird. Ackerfurchen umkreisen baumbewachsene Hügelkuppen;

die Bezeichnung Mecklenburgische Schweiz nur für den Raum um den Malchiner See. Schnell breitete sie sich nach Norden, Osten und Westen aus. Nur in den Jahren, in denen den Deutschen Deutschland über alles ging, musste sie sich als „Mecklenburgisches Hügelland" bescheiden. Der werbewirksame Name „Mecklenburgische Schweiz" soll dem schwärmerischen Ausspruch des Erbprinzen Georg von Strelitz anlässlich der Grundsteinlegung der Burg Schlitz auf dem Buchenberg im Jahre 1811 entstammen: Dieses sei nun seine Mecklenburgische Schweiz.

Seite 104/105: Mecklenburgische
           Seenplatte
Seite 106 o.:   Fischer auf der Müritz
Seite 106 u.:   Auf dem Feld bei
           Schwinkendorf
Seite 107 o.:   Burg Schlitz
Seite 107 u.:   Künstlerin in
           Mecklenburg-Vorpommern

in den Tälern finden sich zahllose Sölle und kleine Seen, die an den mecklenburgischen Spruch von Gottes zerbrochenem Spiegel erinnern. Hin und wieder ein romantisches kleines Gutshaus oder ein Schloss, das in-

zwischen restauriert als Hotel mit Restaurant auf Gäste wartet. Eine genaue Begrenzung der Landschaft kann kaum jemand nennen. Sie liegt irgendwo zwischen Krakow am See und Dargun. Ursprünglich galt

SCHLOSSHOTEL KLINK

**GARTEN EDEN UND
RITTER-ARTUS-KELLER
IM SCHLOSSHOTEL KLINK**

SCHLOSSSTRASSE 6
17192 KLINK
TELEFON   03991-7470
TELEFAX   03991-747299
WWW.SCHLOSSHOTEL-KLINK.DE

GEÖFFNET:
APRIL BIS OKTOBER
DURCHGEHEND WARME KÜCHE
OKTOBER BIS MÄRZ
12-14.30 UND 18-22 UHR

Im Land der 1000 Seen steht ein Schloss, das sich als „Traumschloss" annonciert. Das weckt Sehnsüchte. Die Schlösser der Loire steigen vor dem geistigen Auge auf. Nicht zu unrecht, denn die Architekten des Schlosses Klink inmitten der Mecklenburgischen Seenplatte haben sich an den berühmten Loireschlössern aus dem 16. Jahrhundert orientiert. Der Neorenaissancebau, der sich mit seinen Rundtürmen trutzig in den Mecklenburger Himmel reckt, ist ein ungewöhnlicher Anblick im Land eines eher irdischen Baustils. Zu Füßen des mit Erkern und Türmchen aufgeputzten Palais liegt der größte Binnensee Deutschlands, die Müritz, und spiegelt den bei Dämmerung mystisch illuminierten Bau. Nachts trägt der Wind das Rauschen der Wellen in die Träume der Schlossbewohner, die sich nach einem guten Mahl in einem der beiden Hotelrestaurants fürstlich zur Ruhe begeben haben. Seit 1998 ist Schloss Klink eine Nobelherberge mit tausenderlei Lustbarkeiten, die einen erholsamen Aufenthalt gewähren. Ist es am hauseigenen Strand zu kühl, bietet die Wellnesslandschaft samt Whirlpool, Sauna, Solarium, Dampfbad und Panorama-Schwimmbad gute Alternativen. Diverse Spielplätze, zum Beispiel für Tennis und Badminton, sorgen ebenso für Bewegung, wie ein Spaziergang in dem 35.000 Quadratmeter großen parkartigen Gelände. So viel fröhliches Treiben hat das alte Haus vermutlich noch nie gesehen. Es ist aus hundertjährigem Dornröschenschlaf erwacht. 1898 für den Rittergutsbesitzer Arthur von Schnitzler erbaut, ereilte es nach 1945 übles Geschick: Enteignung und Plünderung. Dann zogen Umsiedlerfamilien in die Schlossräume ein. Ab 1971 war es ministerielles Schulungs- und Erholungsheim. Fehlgeschlagene Verkaufspolitik der Treuhand, Zerstörungswut und Vandalismus vernichteten nach der Wende im Innern die letzten Reste von Historie. 1996 erwarben Familie Walloschke und Sohn Guido Gabriel, eine gestandene Hoteliersfamilie mit Welterfahrung aus Hessen, das Haus. 1998, genau hundert Jahre nach der Erbauung, öffnete es als Schlosshotel seine Tore. Niemand, der heute das feudale Foyer betritt, ahnt, dass es vor kurzem nur noch entkernte historische Hülle war. Margarete Walloschke hat stilsicher dem alten Haus seine Seele zurückgegeben. Ihr Sohn, der Koch und Hotelbetriebswirt Guido Gabriel, verstand es, in wenigen Jahren eine von der Fachpresse viel gelobte Gastronomie zu etablieren. Wer gute deutsche Küche aus frischen Produkten und rustikale, aber gepflegte Gemütlichkeit liebt, ist im „Ritter-Artus-Keller" gut aufgehoben. Wein, vor allem badische und sächsische Tropfen, wird in tönernen Kelchen kredenzt. Die Küchenchefs Marco Scherer und Peter Bucher verstehen sich auf deftige Speisen mit Raffinesse. So entpuppt sich der „Druidenschmaus" als Grillkartoffel mit Kräuterquark und hausgebeiztem Sherry-

Orangenlachs an Blattsalaten. So dicht am Wasser ist natürlich Fisch aus der Müritz gefragt. „Poseidons Verheißung" ist hier eine leckere Roulade vom Müritzzander und Wels. Ob Rind, Ziege, Heidschnucke oder Geflügel – die Köche haben guten Kontakt zu heimischen Biohöfen, mit deren Produkten sie auch die Gäste im Gourmetrestaurant „Garten Eden" verwöhnen. Champagnerfarbene Wandbespannung, grün-weiße Balkendecke mit goldenem Zierrat, Brunnengeplätscher und leise Musik. So fein wie das Ambiente gibt sich auch die mediterran inspirierte Karte: Hier machen sich Hummer und heimischer Fisch durchaus Konkurrenz. Der Rest ist reinste Küchenpoesie. So die junge Fasanenbrustfilets mit Tannennadeln und Wacholder im Salzteig gebacken und am Tisch tranchiert, serviert mit karamelisierten Gemüsen, Macairekartoffeln und Granatapfel-Balsamicojus.

RÖLLCHEN VON ZANDER UND WELS AUS DEM BUCHENRAUCH AN MEERRETTICHSCHAUM UND ROTEM WONNEKRAUT

Für 2 Personen

Zutaten:

20 g Räuchermehl,
1 Lorbeerblatt,
2 Wacholderbeeren (zerstoßen),
2 Zanderfilets à 100 g,
2 Welsfilets à 100 g,
0,1 l Fischfond,
0,1 l Sahne,
50 g Creme fraiche,
50 g Butter,
100 g Sauerkraut (gegart),
50 g pürierte Rote Beete,
20 g geriebener Meerrettich,
2 Flusskrebse,
6 Miesmuscheln oder Bouchotmuscheln,
Dill zum Garnieren

Zubereitung:

Gewürzte Filets (ohne Haut) vom Zander und Wels ineinander aufrollen, mit zwei Schaschlikstäbchen fixieren und mit dem Messer in zwei Hälften teilen. Fischfond, Sahne und Creme fraiche auf die Hälfte reduzieren. Die kalte Butter zufügen und mit dem Zauberstab aufschäumen. Den frisch geriebenen Meerrettich zugeben und mit Salz und Pfeffer abschmecken. Die Röllchen unter Zugabe von Räuchermehl, Lorbeer und Wacholder bei 100 °C ca. 10 Min. im Räucherofen garen. Gegartes Sauerkraut mit dem Püree von Roter Beete mischen und erhitzen. Muscheln und Krebse im Fischfond erhitzen, auf Teller anrichten und mit der Soße nappieren. Als Beilage kleine neue Kartoffeln oder Kartoffel-Wildkräuterpüree reichen.

DIE MÜRITZFISCHER

Meter langen Fischerkähne und schippert über die Elde hinaus auf den Plauer See. Hecht, Barsch, Aal und Karpfen gibt es reichlich; zunehmend auch wieder die Maräne. Nur der Zander fühlt sich in den Gewässern, die dank eines konsequenten Naturschutzes immer klarer werden, nicht mehr so recht wohl. Dennoch holen die Fischer jährlich an die 100 Tonnen Fisch aus ihrem auf fast 70 Seen- und Fließgewässer verteilten über 27 000 Hektar großen Fanggebiet, das somit größer ist als die gesamte Binnengewässerfläche Schleswig-Holsteins. Früher arbeiteten Jonny Matz und seine Kollegen für die größte Binnenfischereigenossenschaft der DDR. Als nach der Wende landesweit zahlreiche Fischereiarbeitsplätze verloren gingen, taten sich viele Fischer der ehemaligen „Produktionsgenossenschaft der Binnenfischerei Waren-Plau" zusammen, um die Fischerei Müritz-Plau GmbH zu gründen, die mit etwa 75 Beschäftigten nun wieder das größte Unternehmen der Binnenfischerei in Mecklenburg-Vorpommern geworden ist. Jetzt aber genügte es nicht mehr, sich nur noch um den Fischfang zu kümmern. Mit einem Konzept von Satzfisch, Aufzucht, Fang bis hin zu Verarbeitung, Vermarktung und touristischen Angeboten hat man sich nach

„Wer einmal Fischer war, will es für immer bleiben", sagt Jonny Matz. Seit dreißig Jahren fischt er in den Wassern der Mecklenburgischen Seenplatte. Wie eh und je steigt er früh am Morgen in einen der bis zu elf

DIE MÜRITZFISCHER

FISCHEREI MÜRITZ-PLAU GMBH
AM SEEUFER 73
17192 WAREN
TELEFON   03991-1534-0
TELEFAX   03991-153417

etlichen Berg- und Talfahrten geschickt den neuen Marktbedingungen angepasst. Zu den Fängen der aktiven Fischerei kommen also noch die Erträge der Karpfen- und Satzfischproduktion der 170 Hektar großen Teichwirtschaft im Süden des Müritzgebietes hinzu. Südlich von Lübz gibt es eine moderne Forellenzuchtanlage. Hauptabnehmer der Satzfische wie Hecht, Wels, Schlei, Karpfen und Aale sind vor allem die Anglerverbände, die damit den Fischbestand ihrer Gewässer wieder auffrischen wollen. An die 60 Tonnen Forellen und 100 Tonnen Karpfen gehen zu großen Teilen an Einzelhandel und Gastronomie – Umsatz im Jahr etwa 4,5 Millionen Euro. Vom Hamburger Umland bis nach Berlin reicht das Aktionsfeld der Müritzfischer. Ihr zentraler Standort mit einem EU-zugelassenen Fischverarbeitungsbetrieb und der Vertriebszentrale ist Waren. „Auch veredelter Seefisch gehört zum Repertoire der Müritzfischerei, die sich zu einem modernen Servicebetrieb rund um den Fisch entwickelt hat", berichtet Diplom-

Fischerei-Ingenieur Reiner Elies, der Geschäftsführer des Unternehmens. Den hohen Qualitätsanspruch ihrer Produkte haben „Die Müritzfischer" inzwischen auch mit der patentrechtlichen Eintragung ihres Namens geschützt.

Die einzelnen Betriebsteile im Bereich von Lübz, Dammerow, Dobbertin, Malchow, Neubrandenburg, Röbel, Vipperow, Speck und Plau verkaufen den Fisch auch direkt vor Ort. Weithin sichtbar lockt die Aufschrift „Fischverkauf" am großen Fischerschuppen im Stadthafen von Waren. Außerdem betreiben die Müritzfischer hier auch ein schickes, modernes Fischbistro. Die alten Bootsschuppen am Ufer der Elde in Plau, dem bedeutendsten Fischereistandort des Unternehmens, sind längst bekannte Touristenattraktionen. Aus dem Altonaer Ofen duftet der Räucherfisch mit einem Hauch von Fischerromantik. Vom Kahn aus geht der Fisch gleich in den Rauch oder als Frisch- und lebender Fisch direkt an die Kunden. Was nicht gleich verkauft wird,

landet in der Hälterung unter den Planken. Oft steht Fischer Jonny Matz selbst hinter dem Ladentisch. Wer heute Fischer bleiben will, muss sich eben gut vermarkten. Hin und wieder nehmen die Fischer auch Petrijünger mit auf den Kahn. Boote werden vermietet und Ferien auf dem Fischerhof angeboten. Die Müritzfischer sind nicht untergegangen. Ihr Geschichte ist eine der seltenen Erfolgsstorys gegenwärtigen mecklenburgischen Wirtschaftsgeschehens. Nur der Kormoran macht ihnen große Sorgen. Dieser Fisch fressende Vogel vermehrt sich rasant, inzwischen gibt es in Mecklenburg-Vorpommern fast 10 000 Brutpaare. Ein Vogel vertilgt täglich bis zu 500 Gramm Fisch.

SEEBLICK

RESTAURANT SEEBLICK
IM SEEHOTEL PLAU AM SEE

HERMANN-NIEMANN-STRASSE 6
19395 PLAU AM SEE
TELEFON   038735-840
TELEFAX   038735-84166
WWW.FALK-SEEHOTELS.DE

GEÖFFNET:
6.30-22 UHR

Mit 750-jähriger Kirche, dickem Burgturm und kleinen Gassen ist Plau eines der bemerkenswertesten Städtchen im Herzen der Mecklenburgischen Seenplatte. Schon die alten Slawen wussten den Ort an jener Stelle zu schätzen, wo der Fluss Elde in den zweitgrößten See dieser Region mündet. Sie bauten eine Siedlung und nannten sie Plawe: Ort am Wasser. Bis heute nährt sich die 6300 Einwohner zählende Stadt von ihrer herrlichen Lage zwischen Wald, Wiesen und Wasser. 1885 begann der Kurbetrieb. Noch heute flanieren vor allem viele großstadtgestresste Berliner durch den verträumten Ort, dessen Fachwerkhäuser sich in der Elde spiegeln. Sie bummeln zwischen historischer Hubbrücke und „Hühnerleiter", einer alten Schleusenbrücke, und schauen den Schiffen beim Schleusen zu. Manch einer lässt sich mit einem der Ausflugsdampfer über das blaue Band der großen Seen dieser Gegend bis in den südlichsten Zipfel des Plauer Sees schippern, zur

Seeluster Bucht, etwa fünf Kilometer außerhalb der Stadt. In diesem traditionellen Ausflugsgebiet haben rührige Hoteliers und Gastronomen schon immer die Gunst der Stunde begriffen und ansehnliche Gasthäuser direkt an das Seeufer gesetzt – ganz im Sinne der Inschrift über dem Ziffernblatt der heimischen Rathausuhr, die da rät, „Nutze die Zeit". Als 1989 mit der Wende viele alteingesessene Betriebe im ganzen Land ums Überleben kämpften, hat Rolf Falk die Ärmel hochgekrempelt und sich auf die neue Zeit eingestellt. Sein bewährtes Leitmotiv heißt noch heute: „Aus Gästen Freunde machen". Wer mecklenburgische Mentalität kennt, weiß deren Geradlinigkeit und Zurückhaltung zu schätzen, nur – weltmännische Dienstbarkeit zählt nicht so recht dazu. Dass in diesem Hotelrestaurant dennoch ausnehmende Freundlichkeit das Klima wohl temperiert, ist vor allem dem gastronomischen Direktor Stefan Frohmüller zu verdanken, der beharrlich die Seehotels-Crew im Sinne des Slogans schult. Ein ebenso wichtiger Mann dieses gastfreundlichen Teams ist natürlich Meisterkoch Lars Degner. Seine Kochkunst hat er in den Dienst einer gutbürgerlichen Küche gestellt. So dicht am Wasser gebaut, werden in diesem Haus natürlich vielfältige Fischgerichte serviert. Vor allem beliebt ist der heimische Zander. Im Herbst bestimmen die Erfolge der Jäger die Speisefolgen. Der Wildtopf mit Waldpilzen und Kartoffelpüree ist dann ein Muss auf der Karte und im Sommer tragen mediterrane Gerichte wie Dorade „Royal" im Gemüsebett oder eine

frische Melonensuppe dem Bedürfnis nach leichterer Kost Rechnung. Gut aufgehoben ist hier auch, wer typisch mecklenburgische

Gerichte kosten möchte. Hier endlich findet man den berühmten deftigen Kloppschinken: Schinkenspeck, mild und mürbe durch Klopfen und Einlegen in Buttermilch gemacht wird in Eihülle mehliert, gebraten und mit Steckrübengemüse und Majorankartoffeln serviert. Lecker sind auch der echte Mecklenburger Wickelbraten mit seiner typisch süßlichen Backpflaumensoße und die heißen Zwetschgen mit Zimteis und Sahne. All diese Köstlichkeiten verspeisen die Gäste am liebsten auf der Terrasse im Vorgarten unter der alten Eibe oder im lichten Wintergarten mit Blick auf den See. Der herrliche Sonnenaufgang zum Frühstück ist im Preis inbegriffen. Abends versammeln sich oft Hunderte von Enten auf dem See. Eine kleine Badestelle sorgt vor allem im Sommer für noch mehr Vergnügen, dem Wohlfühlen rundum dient auch der Wellnessbereich im Hotel.

MIT RUCOLA GEFÜLLTE FASANENBRUST IM GEMÜSESTROH DAZU WALNUSSPÜREE

Für 4 Personen

Zutaten:

8 Fasanenbrüste ca. 600 g,
100 g durchwachsener Speck,
2 Bund Rucola,
Salz,
Pfeffer,
Schweinenetz zum Einwickeln,
300 g Möhren,
250 g Lauch,
250 g Sellerie,
400 g Kartoffeln,
Walnüsse

Die vorbereitete Fasanenbrust plattieren, aneinanderlegen, mit Salz und Pfeffer würzen, mit gehacktem Rucola und Speck füllen, zusammenrollen und in das gründlich gewässerte und gespülte Schweinenetz einwickeln, anschließend in Butterschmalz goldbraun anbraten und im Ofen bei 180 °C 15 Minuten garen.

Für das Gemüsestroh Möhren, Sellerie und Lauch waschen und putzen, in 10 cm lange dünne Streifen schneiden, mehlieren und in tiefem Fett knusprig ausbacken.

Die Kartoffeln zu Püree verarbeiten und mit gehackten Walnusskernen verfeinern.

PARKHOTEL KLÜSCHENBERG

PARKHOTEL KLÜSCHENBERG

KLÜSCHENBERG 14
19359 PLAU AM SEE
TELEFON   038735-44379
TELEFAX   038735-44371
WWW.KLÜSCHENBERG.COM

GEÖFFNET:
AB 6 UHR

Schon der erste Blick in das Parkhotel Klüschenberg verrät: Hier will jemand dem ländlich-heiteren Urlaubsstädtchen Plau inmitten der Mecklenburgischen Seenplatte mit weltmännischer Grandezza die Krone aufsetzen. Das Haus, ein modernisierter Neubau der 80er Jahre, steht umgeben von einer alten Parkanlage auf dem 90 Meter hohen und damit höchsten Hügel der Stadt. Das Entreé des Hotels gibt sich mit Säulenarchitektur und Faltenwurf elegant posthellenistisch. Erstaunlich genug in einer Gegend von eher erdverbundener Mentalität. Doch die wahre Überraschung ist das perfekt inszenierte kulinarische Programm. Eine solch frische mecklenburgische Küche, die Tradition und Moderne so unfehlbar und so edel miteinander zu verbinden versteht, muss man lange suchen in diesem Land. Schon der Gänseleberpunsch, ein Süppchen mit Steinpilzen und Lebkuchenklößen, ist ein Gedicht. Das meisterliche Menü setzt sich fort in Pannfisch (hochdeutsch: Pfannenfisch) von Karpfen mit Dijon-Senfsoße, karamellisierter Rote Beete und den besten Bratkartoffeln, die man weit und breit auf

den Teller bekommt. So himmlisch wie heimatverbunden mundet auch die Creme von Kürbis und Honig und die Kirschsuppe mit Vanillegrießklößchen. Schon Gault Millau lobte die Suppen und Desserts als „angenehme Überraschungen aus unseren Kindheitstagen" sowie den gastfreundlich kalkulierten Preis (dreigängiges Menü um die 21 Euro) und setzte dem Küchenteam eine Kochmütze auf. Der Hausherr Ernst Gotzian, ein gebürtiger Thüringer, ist gelernter Koch und leidenschaftlicher Küchenmeister. Mitunter findet man Reminiszenzen an seine Heimat, doch dominiert Mecklenburgisches die exquisite Karte. Fisch und viele andere Produkte, wie Walnüsse und Küchenkräuter aus Schwiegervaters Garten, stammen aus nächster Umgebung. Natürlich auch das Wild, das sich beispielsweise als Wildschweinrückenfilet in Holunder-Pfeffersoße an Himmel und Erde, eine verfeinerte Variante mecklenburgischer Kartoffel- und Apfelkomposition, wiederfindet. Der Käse zum Löwenzahnsalat stammt von einer Rostocker Ziegenfarm. Immer wieder Neues lassen sich Ernst Gotzian und seine beiden jungen Köchinnen einfallen. Wie wäre es mit einem aphrodisierenden Menü? Lukullisches Vorspiel könnte eine Suppe aus den Pflanzen der Liebe, Tomaten und Basilikum, sein; Höhepunkt das Feldhasenfilet auf Madeira mit Bleichsellerie und Salbei-Kartoffelnocken. Es heißt, die Tatkraft des

der Meister des Hauses von seinen (Zauber-)Lehrlingen in Szene setzen lässt.

Ernst Gotzian hat das Haus, in dem er schon Jahre zuvor als Chef gearbeitet hatte, gleich nach der Wende erworben und mit Millionenaufwand vom volkseigenen Nutzbau zum feinen Hotel umgebaut.

Hasen würde sich so auf den Mann übertragen. Unterhaltsam ist auch das Fünf-Gänge-Gespenstermenü. Das kulinarische Hexentheater mit Weihwasser und Geistertrank ist eine der vielfältigen Veranstaltungen, die

Im Entstehen ist noch ein großzügiger Wellnessbereich. Eine Bereicherung für ganz Plau, für dessen Karriere als Kurort sich Ernst Gotzian auch als Vorsitzender des hiesigen Fremdenverkehrsvereins engagiert.

LACHSFORELLENFILET IN SAUER-AMPFERSAUCE AUF WARMEM HIMMEL- UND ERDESALAT

Zutaten für 4 Personen:

4 Lachforellenfilets à 150 g, Salz, weißer Pfeffer aus der Mühle, Zitronensaft, 300 g geschälte festkochende Kartoffeln, 300 g geschälte säuerliche Äpfel, 150 g Butter, 125 ml Fischfond, 125 ml Sahne, 200 ml Gutedel, 2 Schalotten, 20 g Sauerampfer, klarer Karamell, 4 dünne Scheiben Putenlachs, weißen Balsamicoessig

Zubereitung:

Für Himmel- und Erdesalat gleichmäßige Apfel- und Kartoffelspalten schneiden. Kartoffeln in Salzwasser garen und abgießen, Äpfel in der Kasserolle mit der Hälfte des Weins kurz andünsten. Beides schnell abkühlen.

Fischfilets waschen und trocknen, mit Salz und Pfeffer würzen und mit wenig Zitronensaft beträufeln. Eine ofenfeste Form mit Butter ausstreichen, die Fischfilets hineinlegen, den Fischfond und 50 ml Wein angießen.

Fisch im 180 °C warmen Backofen ca. 12 Minuten garen lassen, dann herausnehmen. Inzwischen die Schalotten schälen und würfeln, sowie den Sauerampfer waschen, trocknen und in Streifen schneiden.

Die Schalotten in 1 EL Butter andünsten, mit dem Forellenfond und der Sahne angießen, dann auf die Hälfte reduzieren. Die Soße passieren, mit 50 g Butter, dem restlichen Wein und der Hälfte der Sauerampferstreifen aufmixen.

Restliche Butter, 1 EL Karamell und den in grobe Streifen geschnittenen Putenlachs in der Pfanne erhitzen, mit Balsamico angießen und die Kartoffel- und Apfelspalten darin warmschwenken. Den Salat in der Tellermitte anrichten, das Fischfilet obenauf geben und mit den restlichen Sauerampferstreifen bestreuen. Schließlich alles mit Sahne beträufeln.

MECKLENBURGISCHE BRAUEREI LÜBZ GMBH

MODERNE BRAUSTÄTTE MIT ALTER TRADITION MECKLENBURGISCHE BRAUEREI LÜBZ GMBH

PARCHIMER STRASSE 31
19386 LÜBZ
TELEFON   038731-360
TELEFAX   038731-36293

*L*übzer Pils – das Premium Pils aus Mecklenburg-Vorpommern – befindet sich seit Jahren auf Erfolgskurs. In seiner Heimat Mecklenburg-Vorpommern ist Lübzer Pils unangefochtener Marktführer. Auch in den Vertriebsgebieten Berlin/Brandenburg, Hamburg, Schleswig Holstein, Niedersachsen und Bremen erfreut sich Lübzer Pils einer immer größer werdenden Beliebtheit. Das besonders klare Brauwasser aus dem Tiefenbrunnen und feinste Rohstoffe verleihen dem Lübzer Pils seinen einzigartigen mildherben Geschmack. Auf einer kulinarischen Reise durch Mecklenburg-Vorpommern sollte man sich auf jeden Fall für dieses Pils der Spitzenklasse Zeit nehmen.

Das Bier aus Lübz verdankt der mecklenburgischen Kleinstadt, die rund 60 Kilometer südöstlich von Schwerin liegt, nicht nur seinen Namen, sondern führt auch als Wahrzeichen den Lübzer Amtsturm im Firmenlogo. 1877 wurde die Mecklenburgische Brauerei Lübz gegründet und sie gehört heute zu den ältesten Brauereien Norddeutsch-

lands. Schon damals wurde das Bier aus Lübz auch besonders von den Gastronomen geschätzt. 1907 traten zahlreiche Gastwirte der Brauerei bei und so wurde der Betrieb in „Vereinsbrauerei Mecklenburgische Wirte GmbH zu Lübz" umbenannt. Durch die Vielzahl der Beteiligungen verfünffachte sich der Bierausstoß in den Jahren 1909 bis 1917. Der Mitgliederzuwachs hatte außerdem zur Folge, dass die Brauerei 1921 in eine Aktiengesellschaft umgewandelt wurde, die immerhin 43 Niederlassungen und 1400 Gastwirtschaften in Hamburg, Berlin und Mecklenburg-Vorpommern versorgte. Auch zu Zeiten der ehemaligen DDR besaß das Bier aus Lübz, das bereits damals nach dem deutschen Reinheitsgebot gebraut wurde, einen hervorragenden Ruf. Neben den regionalen Marken Lübzator, Export, Obotrit und Domquell war dies insbesondere dem Status als Exportunternehmen zu verdanken. Damals gingen rund 50 Prozent des Lübzer Bieres an die Bierliebhaber in Westdeutschland. Seit 1991 ist die Brauerei Lübz zu 100 Prozent in die Holsten-Gruppe integriert, die mittlerweile an der Spitze der deutschen Brauindustrie steht. Seither wur-

den mehr als 75 Millionen Euro in Erneuerung der Technik der Braustätte investiert, die heute eine Kapazität von über einer Million Hektolitern aufweisen kann. Die Brauerei Lübz liegt im Herzen Mecklenburg-Vorpommerns, und das haben die Brauer auch nie vergessen. Als größter Arbeitgeber der Stadt Lübz stellt der Betrieb einen wichtigen Wirtschaftsfaktor in der Region dar. Zudem vergibt die Brauerei Lübz vornehmlich Aufträge in Mecklenburg-Vorpommern und sorgt damit für Aufschwung in der Region – und das gilt auch für das gesellschaftliche Leben. So fühlt sich die Brauerei dem Umweltschutz verpflichtet, denn das reine Natur

produkt Bier benötigt reine Rohstoffe. Sie fördert Naturschutzaktionen im nahe gelegenen Naturschutzpark Nossentiner/ Schwintzer Heide, am Plauer See und in der Ostrügenschen Boddenlandschaft. Aber auch in den Bereichen Musik, Kultur und Sport ist die Brauerei ein gern gesehener Partner. Seit der Saison 1997/1998 sind Lübzer Pils und der FC Hansa Rostock ein Team in der Fußball-Bundesliga. Zudem unterstützt die Brauerei die erfolgreichen Volleyballdamen des Schweriner SC. Mecklenburg-Vorpommern ist das Land der Pferde, und so ist Lübzer Pils natürlich auch bei allen großen Pferdesport-Veranstaltungen aktiv und gehört zu den großen

Sponsoren dieser aufstrebenden Sportart. Aber die Brauerei unterstützt nicht nur die Top-Events im Sport, sondern ist auch bei den Kultur-Highlights in der Region aktiv. Dazu zählen die Schlossfestspiele Schwerin, die Festspiele Mecklenburg-Vorpommern sowie das Usedomer Musikfestival. Mit ihren zahlreichen Engagements demonstriert die Brauerei ihre Verbundenheit mit der Region, denn Lübzer Pils gehört zu Mecklenburg-Vorpommern wie dessen unverwechselbare Natur – „Zeit für Lübzer".

FRÉDÉRIC

RESTAURANT FRÉDÉRIC IM RADISSON SAS RESORT SCHLOSS FLEESENSEE

SCHLOSSSTRASSE 1
17213 GÖHREN-LEBBIN
TELEFON   039932-80100
TELEFAX   039932-80108010
WWW.RADISSONSAS.COM

GEÖFFNET:
GOURMET-RESTAURANT „FRÉDÉRIC"
TÄGLICH 18–22 UHR
ORANGERIE TÄGLICH 7–22 UHR

Dieses glückliche Dorf in einer der schönsten Gegenden der Mecklenburgischen Seenplatte ist ein Ort der Superlative. Die Eröffnung des Ferienlandes Fleesensee im März 2000 war *das* Ereignis. Nicht nur Mecklenburg-Vorpommern fieberte der Erschaffung dieses neuen exklusiven Ferienziels entgegen, die ganze Republik nahm davon Notiz. Daran hatte natürlich auch Bundeskanzler Gerhard Schröder maßgeblichen Anteil, der als Erster den Golfball über den Rasen des 18-Loch Championship-Course im Schlossgarten schlug. Inzwischen wurde das Radisson SAS Resort Schloss Fleesensee zum besten Luxus-Golfhotel Deutschlands ernannt, als Wellnesshotel liegt es laut „Feinschmecker 2001" auf Platz acht. 205 Millionen Euro hat die Errichtung des größten nord- und mitteleuropäischen Tourismusprojektes gekostet. Hier gibt es alles, was das Herz eines Golfer begehrt. Es kann aber auch ausgiebig Tennis und Squash gespielt werden. Das Spa Royal bietet ein herrliches Beauty- und Wellness-angebot mit Thalasso- und Balneo-Therapien, mit belebenden Meersalzsprudelbädern, mit Dampfbad und Sauna. „Ganz nah und doch weit weg", heißt der Slogan dieses ehrgeizigen Ferienprojektes.

Der Wintergarten im 1842 durch Graf Ludwig II. von Blücher erbauten Schloss, dem nostalgischen Herzstück der vielgestaltigen Urlaubsoase, scheint ein innenarchitektonisches Zitat aus dem alten England zu sein. Altenglische Noblesse liegt auch über dem „Frédéric". Mag sein, dass die feierliche Stimmung in dem Restaurant unter einer Decke mit farbig gläsernen Ornamenten noch der ursprünglichen Nutzung des Raumes als Schlosskapelle zu verdanken ist, sicher aber liegt es auch an den festlich eingedeckten Tischen und am vornehm-zuvorkommenden Auftreten des Personals. Manchmal perlt leise Pianomusik durch den Raum. Hier haben sich schon Franz Beckenbauer und Rudi Carell fürstlich ver-

wöhnen lassen. Den Gast erwartet eine
international inspirierte Gourmet-Küche.
Letzte Sporen hat sich Küchenchef Markus
Winkelmann im Brüsseler Schwesternhotel
verdient. Einfacher als im feinen Schlossrestaurant, aber eben so gut, kann man in
der „Orangerie" speisen, der lichtdurchflu-
tete Wintergarten lädt ein zum Fünf-Uhr-
Tee, erlesene Weine bietet die Vinothek
Graf Ludwig. Der so rundum verwöhnte
Gast kann sich des Nachts in einem der
184 luxuriösen Zimmern und Suiten betten.
Die Aktion „Kunst im Schloss" sorgt sowohl
in den Gästezimmern als auch in den
Restaurants für ständig wechselnde Wand-
dekorationen mit Gegenwartskunst.

CRÉME BRÛLÉE VON HIMMEL UND ERDE MIT GEBRATENER GÄNSESTOPFLEBER UND KARAMELLISIERTEN PEKANÜSSEN

Für 4 Personen

Zutaten:

100 g Sahne, 100 g Gänsestopfleber, 100 ml
Himmel- & Erdefond, 50 g passierte Kartoffeln,
2 Eigelb, 3 geschälte Kartoffeln, 500 ml
Apfelsaft, 25 ml reduzierter Apfelsaft und
heißer Portwein, Salz, Pfeffer, Muskat,
Stopflebersalz, etwas Süßwein, 4 Scheiben
Gänsestopfleber à 60-80 g, 600 g brauner
Zucker, 4 Eiweiß, 125 g Zucker, 1/2 TL Salz,
300 g Pekanüsse, 1 Apfel in 16-18 Spalten

Zubereitung:

Für Himmel- & Erdefond Kartoffeln
mit Apfelsaft kochen, 50g Kartoffeln
passieren. 100 ml vom Fond mit
Sahne und Gänsestopfleber erhitzen,
alles durchmixen, Eigelb hinzugeben,
zur Rose abziehen und mit Salz,
Pfeffer, Muskat und Stopfleber
abschmecken. Nun durch ein Sieb
passieren und den reduzierten Apfel-
Portwein dazugeben. Die Masse in
einen Suppenteller füllen und bei
80°C 50-60 Minuten im Wasserbad
pochieren, auskühlen lassen und mit
braunem Rohrzucker flambieren,
sodass sich eine Zuckerkruste bildet.
Apfelspalten in einer vorgeheizten
Pfanne mit etwas Butter und Zucker
anschwenken, bis sie etwas Farbe
angenommen haben. Mit Apfelsaft
ablöschen, weich köcheln, dann herausnehmen und abkühlen lassen.
Eiweiß und Zucker mit etwas Salz
steif schlagen, Nüsse zugeben, auf
ein Backblech streichen, bei 180°C
15 Minuten im vorgeheizten Backofen
backen. Dann herausnehmen, alles
zerteilen und weitere 15 Minuten bei
180°C backen.
Stopfleberscheiben mehlieren und
von beiden Seiten anbraten. Zum
Anrichten die Apfelspalten stern-
förmig auf die Créme brûlée legen,
darauf die angebratene Stopfleber,
zum Schluss die karamellisierten
Pekanüsse.

Schlosspark Neustrelitz

Fürst Nikolaus I.

Romantik Hotel Borchard's Rookhus

Am Grossen Labussee
17255 Wesenberg
Telefon 039832-500
Telefax 039832-50100
www.rookhus.de

Geöffnet:
Fürst Nikolaus I.: täglich 12–14 und
18–21.30 Uhr, im Januar geschlossen
Storchennest: von Mai bis September
18–21 Uhr

Dieses Haus, einsam am See gelegen, traumverloren, inmitten einer Naturidylle von höchstem Naturschutzstatus, ist nicht nur der Tagtraum gestresster Großstädter. Das gibt es wirklich. Kaum wagt der motorisierte Reisende, die Nationalparkgrenze zu überqueren. Doch nur so führt der Weg unter hohen Kiefern ans Ziel, zur „Insel der Ruhe". „… in dem idyllisch in völliger Abgeschiedenheit oberhalb des Großen Labussees gelegenen feinen Landhotel lässt der Gast dank der sehr persönlichen Betreuung schnell die Seele baumeln", heißt es im Gault Millau. Herzlich empfängt Alexander Borchard die Gäste. Gemeinsam mit seiner Frau Andrea hatte er 1993 den Bau von der Treuhand erworben. Bis kurz vor der Wende wurde das Haus aus den 30er Jahren als Betriebsferienheim genutzt. Glücklicherweise ist das Oberhaupt der Familie Borchard ein gestandener Bielefelder Bauunternehmer, der sich vom maroden Zustand des Gebäudes nicht schrecken ließ. Später verzauberten die weiblichen Familienmitglieder die Zimmer und Appartements mit Antiquitäten und Reproduktionen aus England und Italien in komfortable und kuschelige Feriennester. Der Hotelkaufmann Alexander Borchard vertraute von Anbeginn an der herrlichen Lage. Das war so mutig – hierher führt kein Zufall die Gäste – wie berechtigt. Inzwischen ist „Borchard's Rookhus" ein Geheimtipp, für den man sich einem Platz reservieren sollte. An warmen Tagen kann man noch im Mondenschein auf der mit Kerzenlicht illuminierten Terrasse oberhalb des Badesees dinieren. An kühleren Tagen brennt in der gemütlichen Hotelbar ein Feuer. Immer aber sind die Tische im Gourmetrestaurant „Fürst Nikolaus" elegant

eingedeckt; erwartet die Gäste in der Gaststube „Storchennest" ein rustikaleres ländli-
ches Ambiente. Hier bietet die Karte hauptsächlich mecklenburgische Küche. Das
„Fürst Nikolaus", so benannt nach dem
Gründer des etwa fünf Kilometer entfernten
Städtchens Wesenberg, verwöhnt zu leiser
klassischer Musik mit feiner Cross-over-
Küche. Zart zergeht der Zander aus dem
Duett mit Flusskrebsen zu Zitronen-Keta-
Schaum auf der Zunge. Wie der Fisch, so
stammt auch das Wild aus der Mecklenburgischen Seenplatte üppiger Natur. Nur
frische und allerbeste Produkte zu verwenden, haben sich die beiden Küchenchefs
Thomas Giesel und Thomas Fischer aufs
Küchenfähnlein geschrieben. Daraus entstehen dann solch fantasievolle Köstlichkeiten
wie die geräucherte Dabekower Bauernente
in süßer Chilisoße mit Frieseésalatspitzen
und Ingwerspänen oder der Strelitzer

Frischlingsrücken im Haselnusscrêpe zu
Schwarzteesoße mit Orangenwirsing und
Mohn-Schupfnudeln. Auch die Weinkarte
bietet Überraschendes: Den 99er Borchard's
Cuveé hat der Hausherr gemeinsam mit
einem befreundeten Winzer von der Nahe
eigens für das romantische Hotel am See
kreiert.

Wesenberg

ZANDERFILET IM PUMPERNICKEL-ZUCCHINIMANTEL AN SAFRANSOSSE MIT GESCHMOLZENEN TOMATEN UND OLIVENKARTOFFELN

Für 2 Personen

Zutaten:

250 g frisches Zanderfilet, 1 Zucchini,
150 g Pumpernickel, 1 Schalotte,
1 Eiweiß, 1 TL Dijonsenf, 1 Msp. Estragon, 2 Tomaten, Butterschmalz, Saft
einer Zitrone, 1 Bund Dill, Meersalz

Für die Soße: 1 Msp. Safranfäden,
1 l Fischfond, 0,3 l Creme double,
60 g Mehl, 40 g Butter, 0,1 l Olivenöl,
Zitronensaft, Salz, Pfeffer, 3 große
Kartoffeln

Zubereitung:

Zanderfilet mit Zitronensaft beträufeln
und mit Meersalz würzen. Pumpernickel unter Zugabe der Schalotte und
von Estragon, Salz sowie Pfeffer im
Mixer pürieren. Dijonsenf und ein ge-
schlagenes Eiweiß unterziehen. Das
Zanderfilet mit der Pumpernickel-
masse bestreichen. Die Zucchini in
dünne Scheiben längs schneiden, sich
überlappend auf Haushaltsfolie legen.
Das Zanderfilet darin einschlagen, sodass die Schnittkanten auf der unteren
Seite sind und in Butterschmalz beid-
seitig anbraten. Dann im Rohr bei ca.
160°C etwa 10 Minuten garen lassen.
Für die Soße aus Mehl, Butter und
Olivenöl eine helle Schwitze herstellen. Den Fischfond angießen und 15
Minuten köcheln lassen. Creme double
hinzufügen, mit Zitronensaft, Salz und
Pfeffer abschmecken, zum Schluss den
Safran dazugeben.
Die Tomaten einritzen und 2 Minuten
in sprudelndes Wasser geben. Dann in
Eiswasser tauchen und die Haut ab-
ziehen. Die geviertelten, entkernten
Tomaten in wenig Butterschmalz an-
braten und ca. 1 Minute im Ofen garen.

HOTEL SCHLOSSGARTEN

HOTEL SCHLOSSGARTEN

TIERGARTENSTRASSE 15
17235 NEUSTRELITZ
TELEFON   03981-24500
TELEFAX   03981-245050
WWW.HOTEL-SCHLOSSGARTEN.DE

ÖFFNUNGSZEITEN RESTAURANT
MONTAG BIS SAMSTAG AB 18 UHR

Die Hohenzollern verdanken dem Mecklenburg-Strelitzer Fürstenhaus die einzige preußische Königin, die je von sich reden machte. Die schöne und kluge Luise. Inbegriff patriotischen Denkens und glühender Vaterlandsliebe, deren Abbild einst in jeder Biedermeiervitrine stand, beeindruckte durch ihr politisches Engagement, das in jenem berühmten Gespräch zwischen Luise und Napoleon gipfelte, in dem die Königin um Milderung der harten Bedingungen im Friedensvertrag um Tilsit bat. Vergeblich zwar, aber die Welt und Napoleon waren von ihr begeistert. Als Luise 1810 starb, trauerten Mecklenburg und Preußen gleichermaßen. Vor allem aber in ihrer Vaterstadt Neustrelitz fühlt man sich noch heute der populären Herrscherin verbunden, widmete ihr jüngst sogar eine Operette, die im

Schlossgarten aufgeführt wurde. Die Idee dazu wurde im Hotel Schlossgarten geboren. Jürgen Haase und Thomas Kraus, die Besitzer des kleinen Hotels ganz in der Nähe des fürstlichen Parks sind Luisenfans.

Mehr noch – als Mitbegründer des Neustrelitzer Residenzschlossvereins kämpfen sie
um die Erhaltung des Neustrelitzer Marktes
als städtebauliches Denkmal in seiner historischen Form. Immerhin ist Neustrelitz
eine der seltenen Städtegründungen des
18. Jahrhunderts. Dermaßen an der Historie
ihrer Stadt interessiert, atmet natürlich auch
das Hotel Schlossgarten Geschichte. Im
Foyer des schönen klassizistischen Baus,
der 1820 als Wohnhaus alten Mecklenburg-
Strelitzer Hofadels erbaut wurde, steht eine
Vitrine. Der helle Schal hinter dem Glas
gehörte tatsächlich einst der Königin Luise.
Im Hotelgarten steht im Schatten einer über
hundert Jahre alten Magnolie ein Luisen-
denkmal aus echtem Carrara-Marmor.
Auch die 24 Gästezimmer prägt der Stil des
frühen 19. Jahrhunderts. Die beiden Restau-
ranträume erinnern an sonntägliche Bieder-

meierstuben. Mit blanken breiten Dielen
sind sie so ländlich schlicht wie es einst
auch Luise liebte. Wer hier einkehrt, lernt
eine feine mecklenburgische Landküche
Küche mit internationalem Einschlag kennen. Hier kocht ein Mecklenburger Boden-
ständiges wie Rippenbraten mit Backpflaumen, brät Lachsfilet zu Rahmspinat
oder Hirschrückenfilet zu Rosenkohl.

ALT-STRELITZER RINDERBRUST
IN SÜSSSAURER DILLSOSSE

Für 5 Personen

Zutaten:

750 g Rinderbrust,
200 g Suppengemüse
(Mohrrübe, Sellerie, Zwiebel, Porree),
2 l Wasser,
2 Lorbeerblätter,
6 Pimentkörper,
Salz,
weißer Pfeffer,
ein Strich Muskat

Für die Soße:

75 g Butter, 2 Zwiebeln, 1 EL Mehl,
0,5 l Brühe von der abgekochten
Rinderbrust, Salz, weißer Pfeffer,
2-3 EL gehackten Dill, 3 EL süße
Sahne, 1 TL Zucker, etwas Essig

Zubereitung:

Das Fleisch in kochendes Wasser
geben, nach nochmaligem Aufkochen
den Schaum abschöpfen und anschließend die Gewürze und das Suppengemüse hinzugeben. Nun die Energie-
zufuhr drosseln und auf kleiner Stufe
ca. 2,5 Stunden gar kochen. 1/2 l
Brühe abnehmen und den Fleischtopf
beiseite stellen.
Für die Soße die Zwiebeln pellen, sehr
fein würfeln und in Butter glasig dünsten. Dann das Mehl darüber streuen
und unter ständigem Rühren hellgelb
anschwitzen. Den Topf vom Feuer
nehmen und die Brühe zügig unterrühren. Bei schwacher Hitze langsam
aufkochen und ca. 15 Minuten weiter
kochen, von der Kochstelle nehmen,
die restlichen Zutaten hinzufügen und
etwas durchziehen lassen.
Das Fleisch in dünne Scheiben schneiden, auf dem Teller anrichten und mit
Soße überziehen. Dazu empfiehlt der
Koch Kartoffeln oder Reis.

BORNMÜHLE

**BORNMÜHLE
CCL HOTEL**

BORNMÜHLE 35
17094 GROSS NEMEROW
TELEFON   039605-600
TELEFAX   039605-60399
WWW.BORNMUEHLE.DE

ÖFFNUNGSZEITEN RESTAURANT:
TÄGLICH 12-22 UHR

Ein schmales Asphaltband schlängelt sich durch Felder und über Endmoränenhügel bis dicht an den Toleensee. Ringsum die Weiten einer parkartigen Landschaft. Glücklicherweise hat der Reisende noch den telefonischen Rat der freundlichen Empfangsdame vom Hotel Bornmühle im Ohr: „Wenn Sie glauben, jetzt kommt gar nichts mehr, sind Sie am Ziel". Was sich wie eine buddhistische Lebensweisheit anhört, ist exakte Wegbeschreibung. Plötzlich steht man vor dem modernen Klinkerbau, der mit vielen fröhlichen Gauben nicht ganz den westfälischen Ursprung der Bauherren verleugnen kann. Hier genießen vor allem Urlauber aber auch Geschäftsreisende die Abgeschiedenheit, tummeln sich im Tollensee oder im Schwimmbad des Hotels. Radler können stundenlang auf dem gut ausgebauten Radwandernetz rund um den See in die Pedalen treten. Den Gaumenfreuden ist ein heller Gastraum mit Seeblick gewidmet. Hier sorgt Küchenchef Torsten Räth mit frischen regionalen Produkten, die er gleichsam traditionsbewusst und zeitgemäß zubereitet, für zufriedene Gäste. Die warme Pastete von Tollenseefischen mit Flusskrebs-Calvadossoße entlockte schon so manchem Gourmet einen Seufzer der Wonne. Torsten Räths Küche ist auf raffinierte Weise so schlicht wie getrüffelte Entenleberravioli mit Selleriepüree oder die Variation vom Mecklenburger Weidelamm mit Rosmarinsoße und provencialischen Gemüsen. Für viel Fisch und Wild auf der Karte sorgen die umliegenden Seen und Wälder.

GEFÜLLTE WACHTEL AUF POLENTA MIT GESCHMORTEN PILZEN AN ROTKOHLJUS

Für 4 Personen
Zutaten:

4 küchenfertige Wachteln, Butterschmalz,
1 Rosmarinzweig, 6 Wacholderbeeren

Für die Füllung:

80 g Hähnchenbrustfleisch, 0,04 l Sahne, 10 g
Butter, 1 Schalotte, 60 g fein gewürfelte Pilze
(Champignons, Steinpilze, Pfifferlinge), 10 g
Petersilie, Schnittlauch, Rosmarin, kleine
Crôutons von einer Scheibe Toastbrot, Salz,
Pfeffer, Wildgewürz

Für die Polenta:

0,3 l Hühnerbrühe, 50g Polentagries, 30 g
Butter, 2 Schalotten, 250 g Pilze (s.o.), 20 g
fein geschnittene Kräuter (s.o.), Salz, Pfeffer,
Muskat

Für die Rotkohlsoße:

25 g Zucker, 0,2 l Orangensaft, 0,15 l roter
Portwein, 0,15 l Madeira, 0,15 l Rotwein,
Gewürzbeutel mit 5 Wacholderbeeren,
1 Lorbeerblatt, 1 Rosmarinzweig, 2 Nelken,
8 Pfefferkörner, 1 kleiner Rotkohl, 30 g Butter,
Salz, Pfeffer

Zubereitung:

Für die Rotkohlsoße den Zucker karamellisieren,
mit Orangensaft und Wein ablöschen. Gewürzbeutel kurz anschlagen, dazugeben, kochen bis
sich der Karamell gelöst hat. Den heißen Sud
über den fein geschnittenen Rotkohl geben,
einige Stunden ziehen lassen, im Ofen bei
200°C weich dünsten. Rotkohl abtropfen lassen
und 2/3 des Fonds für die Soße verwenden.
Dafür wird der Fond bis zur Sämigkeit reduziert
und mit kalter Butter gebunden. Zum Schluss
mit Salz, Pfeffer und Zucker abschmecken.

Für die Wachtelfüllung die fein gewürfelte Schalotte mit den Pilzen in
Butter glasig dünsten, mit Salz und
Pfeffer würzen, Kräuter untermischen
und kalt stellen.
Für die Farce das klein geschnittene
Hähnchenfleisch im Küchencutter
pürieren und die kalte Sahne hinzugeben. Die Farce durch ein Sieb streichen, mit Pilzen und Crôutons vermengen und mit Salz, Pfeffer und
Wildgewürz abschmecken. Die Füllung
vorsichtig unter die zuvor gelöste
Brusthaut schieben und die Wachteln
mit Küchengarn in Form binden.
Butterschmalz im Bräter erhitzen,
Wachteln einsetzen, Rosmarin und
angedrückte Wacholderbeeren dazugeben und im vorgeheizten Ofen bei
180°C goldbraun braten. Dabei mit
etwas Bratensaft beträufeln. Nach ca.
15 Minuten den Ofen ausschalten und
die Wachteln bei geöffneter Ofentür
ziehen lassen.

Für die Pilzpolenta Hühnerbrühe aufkochen und Polentagrieß einrühren,
kurz aufwallen lassen und an den
Herdrand ziehen. Die gewürfelten Pilze mit der fein geschnittenen Schalotte in Butter braten bis die Flüssigkeit
reduziert ist. Pilze und Kräuter unter
die Polenta mischen, mit Salz, Pfeffer
und etwas Muskat abschmecken.

Anrichten:

Die Wachteln fachgerecht tranchieren
und auf die Polenta platzieren, mit
dem Rotkohljus umgießen.
Als Garnitur junge Rübchen und gebratene Pilze anlegen.

VIER TORE

ten Stadt Mecklenburg-Vorpommerns, dokumentiert. Obwohl die alte „Stadt der vier Tore" in den letzten Tagen des Krieges stark zerstört wurde, kann man noch viele beeindruckende architektonische Zeugnisse ihrer über 750jährigen Geschichte besichtigen. Die über zwei Kilometer lange Stadtmauer mit vier gotischen Backsteintoren und 26 Wiekhäusern umschließt noch heute den Altstadtkern. Mittendrin und doch nur acht Gehminuten von einem der schönsten Seen Mecklenburgs, dem Tollensee, entfernt, steht das Radisson SAS Hotel, ein Neubau aus den 70er Jahren. Der längliche, freundlich mit türkisgrünem Teppich und lachsfarbenem Mobiliar ausgestattete Raum im Erdgeschoss, hinter den Fenstern zum Marktplatz, ist die kulinarische Meile des Hauses. Hier trifft man sich zum romantischen Candle-Light-Dinner, zum Geschäftsessen oder zum Sonntagsbrunch. Dabei kann man in der Schauküche zusehen, wie die Köche des Hauses unter der Leitung von Meisterkoch Michael Tiede herzhafte mecklenburgische Spezialitäten und internationale Köstlichkeiten zubereiten. Michael Tiede ist Mecklenburger. Sein Handwerk hat er zunächst in diesem Haus erlernt. Bevor er 1995 zum Küchenchef avancierte, schnupperte er noch Küchenluft in etlichen ande-

RESTAURANT „VIER TORE"
IM RADISSON SAS HOTEL
NEUBRANDENBURG

TREPTOWER STRASSE 1
17033 NEUBRANDENBURG
TELEFON   03 95 - 55 86 0
TELEFAX   03 95 - 5 58 66 25
WWW.RADISSONSAS.COM

GEÖFFNET:
12-23.30 UHR

Wer im Zentrum des Geschehens bleiben und sich dennoch behaglich zurückziehen möchte, findet in diesem Hotel inmitten der Altstadt von Neubrandenburg ein ideales Quartier. Von den 190 modern ausgestatteten Zimmern und Suiten blicken die Gäste direkt auf den Marktplatz oder die Marienkirche. Dieses prächtige Gotteshaus, im Krieg ausgebrannt, wurde in den letzten Jahren aufwändig zur Konzertkirche der Stadt wieder aufgebaut. Nur wenige Schritte weiter ist im Treptower Tor die spannende Geschichte Neubrandenburgs, der drittgröß-

ROULADE VOM REHRÜCKEN AUF
EINER NAGE VON ROSENKOHL-
BLÄTTERN DAZU KARTOFFELSTRUDEL
UND HAGEBUTTENRAHM

Für 4 Personen

Zutaten:

600 g Rehrücken, 300 g Steinpilze,
400 g Rosenkohl, 1 Paket Blätterteig,
400 g Kartoffeln, 1 Glas Hagebuttenmark, 40 g Speck, 200 g Steinpilze,
40 g Butter, Thymian, Schnittlauch,
50 ml Sahne, 200 ml Wildfond,
100 g Schalotten, 1 Ei, Pfeffer, Salz,
Muskat

Zubereitung:

Die Steinpilze in gewürfeltem Speck
mit Butter leicht anbraten, Schnittlauch und Thymian zerkleinern und
hinzugeben, alles kalt stellen. Nun den
vom Metzger am besten schon zu
Rouladen geschnittenen Rehrücken
mit der Pilzmasse bestreichen. Das
Fleisch rollen und zusammenbinden.
Anschließend scharf anbraten, den
Wildfond aufgießen und ca. 1 Stunde
leicht kochen lassen. Evtl. zwischendurch etwas Wasser zugießen. Die
Rosenkohlblättchen vorsichtig vom
Strunk abzupfen, 2 Min. in kochendem
Salzwasser blanchieren, dann durch
warme Butter ziehen, würzen und
anrichten.

Kartoffeln würfeln und kochen, dann
den Speck auslassen und den restlichen Schnittlauch hacken, schließlich
beides zu den gekochten Kartoffeln
geben und gut würzen. Diese Masse
wird nun in den Blätterteig geschlagen, die Enden zum Befestigen mit
Eigelb bestrichen. Den Strudel im Ofen
ca. 15 Min. bei 200 °C backen, anschließend in 2-3 cm dicke Scheiben
schneiden. Für die Soße den Bratenfond mit Hagebuttenmark und etwas
geschlagener Sahne vermischen und
abschmecken.

ren norddeutschen Häusern. So werden in
dem Vier-Sterne-Haus gern leckere Mecklenburgische Deftigkeiten angeboten. Dabei
favorisiert Michael Tiede gebratenen Fisch,
vor allem den Zander, aber auch knusprigen
Hering, Lachs und Maräne. Gern kauft er
bei den Müritzfischern ein. Er zögert aber

auch nicht ein üppiges Mecklenburger Eis-
bein mit Sauerkraut aufzutafeln. Immer gibt
es die dicke Mecklenburger Kartoffelsuppe
mit Wurstscheiben und Speck. Mit einer
monatlichen Sonderkarte beweist die acht-
köpfige Küchencrew aber auch ihre Lust an
leichten internationalen Gerichten.

Ich weiss ein Haus am See...

strand verliebt und aus einem ehemaligen Kindererholungsheim ein kleines Landhotel mit großer Küche geschaffen. Schon seit 1995 leuchtet dieser kulinarischen Oase der Michelinstern. Lange Zeit war er der einzige am Himmel über Mecklenburg-Vorpommerns Küchen. Dabei ist Michael Laumen Quereinsteiger. Unglaublich angesichts seiner äußerst finessenreichen Gerichte. Ob Feinschmeckermenü mit Terrine von Bries und Kalbsbäckchen, getrüffelter Kartoffel-Lauchsuppe, Safranrisotto mit Scampi, St. Pierre mit Zwiebelconfit, Ente im Serranoschinken und schließlich Rumpflaumenparfait im Baumkuchenmantel (Menü 75 Euro) oder à la carte ein Rückenstück vom Weiderind, davor vielleicht ein Karottensüppchen mit Zuckerschoten – die Wahl fällt schwer. Sehr beliebt ist die Boullabaisse von Mecklenburger Fischen. Regionale Köstlichkeiten, wie Fisch und Krebse aus den umliegenden Seen und vortreffliches Wild und Pilze aus hiesigen Forsten stehen auf der Karte, aber auch Trüffel, Hummer und Mittelmeerfisch. Der Besuch dieser Gastlichkeit mit üppigem Weinangebot von etwa 300 Positionen ist auch ein bacchantisches Vergnügen. Nur sollte man sich zuvor seinen Platz reservieren. Vielleicht auch gleich eines der zehn Doppelzimmer mit Loggia zum See.

Ich weiss ein Haus am See...

Altes Forsthaus 2
18292 Krakow am See
Telefon   03 84 57-2 32 73
Telefax   03 84 57-2 32 74
www.hausamsee.de

Geöffnet:
Dienstag bis Sonntag ab 18 Uhr,
November bis Februar
Dienstag bis Samstag ab 18 Uhr

Allein die traumverlorene Lage am Ufer des glasklaren Krakower Sees macht das Haus mit dem seltsamen Namen zum lohnenden Ausflugsziel. Blesshühner umkreisen den Bootsanleger; eine Schwanenfamilie sonnt sich auf der Uferwiese vor dem Halbrund der Panoramafenster des Restaurants. „Ich weiß ein Haus am See...", so nannte es das Krefelder Ehepaar Ruth und Michael Laumen in Anlehnung an eine Geschichte von Hans Fallada. Gleich nach der Wende hatten sie sich in dieses 10.000 Quadratmeter große Grundstück mit eigenem Bade-

ENTE IM SERRANOSCHINKEN

Für 4 Personen

Zutaten:

Ente von ca. 1,8 kg
Entenkarkassen,
Röstgemüse,
Echalottenconfit (Chutney),
8 Scheiben Serranoschinken
dünn geschnitten,
ausgelöstes Entenfleisch,
ca. 100 g Schweinenacken ,
1 Ei,
50 g Schalotten fein gehackt,
50 g Pilzbrunoise,
50 g feine Schinkenstreifen,
Pinienkerne,
Thymian,
gehackte Petersilie

Garnitur:

Grüner Spargel längshalbiert
oder Scheiben von braunen Champignons,
Steinpilzen etc.
Frische Tagiatellini (2 mm)

Zubereitung:

Die Ente in Brust und Keule auslösen. Alle fleischigen Teile von der Karkasse und den Keulen ohne Haut abnehmen und zur Seite stellen. Von den Karkassen und Knochen einen Fond kochen und zur Glace reduzieren. A la minute die Echalottenconfit unterziehen und kalte Butter-flöckchen einschwenken.

Die parierte Brust längs in fingerdicke Streifen schneiden, würzen und anbraten, auf der Hautseite kräftig.

Enten- und Schweinefleisch klein schneiden, würzen und mit dem Ei cuttern.

Die anderen Zutaten anbraten, abkühlen und mit der Petersilie unter die Farce mischen.

Jeweils 4 Schinkenscheiben überlappend auf eine gebutterte Alufolie legen, sodass sich eine Fläche von ca. 10 mal 10 cm ergibt. Die Farce aufstreichen, oben ca. 3 cm Platz lassen. Je drei Entenstreifen parallel in ganzer Länge auflegen, etwas Farce dazwischen geben und in der Folie zu einer festen Wurst von ca. 3,5 cm drehen. Die Wurst auf ein Blech legen und bei ca.185°C ca. 13 Min. im Ofen garen, dabei alle 5 Min. etwas drehen, damit die Wurst nicht an der Auflagestelle anbrennt.

In dieser Zeit die Garnitur richten.

Anrichten:

Die Wurst an den Enden mit dem Elektromesser gerade abschneiden und aus jeder Wurst zylinderförmige Tranchen von ca. 4,5 cm Länge schneiden. Die Gemüsegarnitur fächerförmig anlegen.

Die gekochten Nudeln in etwas heißer Butter schwenken, mit einer Fleischgabel aufdrehen und aufsetzen. Die Sauce auflegen und den „Enten-Zylinder" aufsetzen.

131

HOFJÄGERMEISTER VON MOLTKE

19. Jahrhundert den herrlichen Landsitz unter Einbeziehung des Vorgängerbaus klassizistisch erweitern ließ, haben die heutigen Besitzer von Schloss Schorssow, Heidrun und Alfred Rüssel aus Schleswig-Holstein, das feine Gourmetrestaurant benannt. Wer diesen ovalen Raum mit edlen Stilmöbeln, vergoldetem Stuck und funkelnden Lüstern betritt, dem verschlägt es für einen Moment den Atem. So hat man sich schon als Kind einen königlichen Festsaal erträumt. Kaum zu glauben, dass anstelle dieser Pracht vor wenigen Jahren noch der Hausschwamm regierte. Hätten sie sich nicht in die gewaltige Blutbuche im Park verliebt, vielleicht hätten es sich die Rüssels angesichts des maroden Zustands des Hauses doch noch anders überlegt. So aber schufen sie innerhalb kurzer Zeit mit einer zweistelligen Millionensumme aus dem ruinösen Gebäude ein nobles Fünf-Sterne-Hotel, das inzwischen so anspruchsvolle Gäste wie Bundeskanzler Schröder empfing. Von Anbeginn mit dabei war auch Schwiegersohn Thomas Rachel, der nun als Hoteldirektor fungiert. Für den badisch-elsässischen Einschlag in der internationalen Küche sorgt Bernd Schmidt. Wer im Festrestaurant speisen will, sollte sich unbedingt einen Platz reservieren, denn für die exzel-

HOFJÄGERMEISTER VON MOLTKE IM SCHLOSS SCHORSSOW

AM HAUSSEE
17166 SCHORSSOW
TELEFON   039933-790
TELEFAX   039933-79100
WWW.SCHLOSS-SCHORSSOW.DE

GEÖFFNET:
FESTRESTAURANT
„HOFJÄGERMEISTER VON MOLTKE"
TÄGLICH 11.30–14 UND 18-22 UHR

Vor dem leiblichen Genuss steht in Schorssow der Augenschmaus. Schon glaubt man sich verloren zwischen den lieblichen Hügeln der Mecklenburgischen Schweiz, da trifft man unverhofft am Westufer des Malchiner Sees auf ein fürstliches Haus, dessen weltabgeschiedene Lage ebenso Erholung verspricht wie die edle Fassade der klassizistischen Dreiflügelanlage. Hier haben einst Vertreter uralten mecklenburgischen Adels gelebt, die Maltzahns, die Moltkes, die Hahns und die Vossens. Nach dem Hofjägermeister von Moltke, der im

lenten Menüs lassen sich die Gäste viel Zeit. Ein am Tisch durch Filetieren oder Flambieren zelebriertes Gericht gehört unbedingt in die immer wieder neu interpretierte klassische Küchenphilosophie des Meisterkochs. Hochwertige Weine, vor allem aus deutschen und italienischen Anbaugebieten, ergänzen bestens das lukullische Programm. Wer gerne einmal etwas deftiger speisen möchte, den erwartet im Schlosskeller Lokalkoloristisches, wie Mecklenburger Räucherfischauflauf aus Müritzfischen. Fisch liefert auch der See vor dem Haus. Auf keinen Fall sollte man die Torten im Wintergarten und im Kaffeegarten versäumen. Die bis zu 14 verschiedenen hausgemachten Köstlichkeiten wie die Mohn-Eierlikör-Torte sind Augenschmaus und Gaumenfreude zugleich. Schloss Schorssow ist ein Gourmettempel, doch keine Angst

vor Reue, im Schwimmbad mit Gegenstromanlage und in der Bibliothek aus kostbarem Teakholz kann man Körper und Geist wieder in Hochform bringen.

FASAN FÜR ZWEI

Zutaten:

1 Fasan, eingekauft im gut sortierten Feinkostgeschäft oder im Wildhandel
2 Scheiben Räucherspeck

Den Fasan innen gut auswaschen und dabei die Innereien und den Kopf entfernen. Damit das Fleisch beim Braten nicht zu sehr austrocknet, Räucherspeck auf die Fasanenbrust legen und festbinden. Den Fasan innen und außen mit Salz und Pfeffer würzen. In einer Pfanne anbraten und bei 200 °C im Backofen fertig braten. Kurz vor Ende der Garzeit die Brust vom Speck befreien und mit eigenem Bratfett übergießen. Wenn der Fleischsaft klar, ohne Blut, ist und die Keulen schön goldbraun gebraten sind, kann aufgetischt werden.
Dazu reichen wir aromatisches Ananaskraut und lockeres Kartoffelpüree.

Unsere Weinempfehlung:

Sasbacher Leimburg
Cabernet Sauvignon
Spätlese, Barrique
Weingut Bercher,
Burkheim am Kaiserstuhl

SCHLOSS TESCHOW

wunder erleben. Nicht zufällig reitet vor diesem Hotel die Wappengestalt der Unternehmerfamilie Rüßel – ein spanischer Herold, der nur Gutes zu verkünden hat. Auch das klassizistische Herrenhaus am Ufer des Teterower Sees, nur wenige Hügelketten von Schwesternhotel Schloss Schorssow entfernt, verdankt den tatkräftigen Rüßels seine Metamorphose vom denkmalgeschützten doch verwahrlosten Adelssitz zum aufwändig restaurierten Fünf-Sterne-Hotel. Mehr als 20 Millionen Euro haben sie in Umbau und Erweiterung des Schlosses gesteckt. Mit sechs verschiedenen gastronomischen Angeboten werden die Gäste verwöhnt. Das französische Feinschmecker-Restaurant

SCHLOSS TESCHOW
GOLF- UND WELLNESSHOTEL

GUTSHOFALLEE 1
17166 TESCHOW
TELEFON 03996-140-0
TELEFAX 03996-140-100
WWW.SCHLOSS-TESCHOW.DE

GEÖFFNET:
„CHEZ LISA" DIENSTAG BIS SAMSTAG
AB 18 UHR
„SUKHOTAI" MITTWOCH BIS MONTAG
AB 18 UHR
„SCHLOSSRESTAURANT VON BLÜCHER"
TÄGLICH AB 12 UHR
„WINTERGARTEN" TÄGLICH AB 14 UHR

Keine kulinarische Vielfalt in der mecklenburgischen Provinz? Wer noch immer mit dieser Meinung durch die Lande reist, wird spätestens in Teschow sein Küchen-

„Chez Lisa" wurde nach dem jüngsten Spross der Familie benannt. Vornehm königsblau ist der Raum vom Teppich mit Ehrenkranz bis zur stuckverzierten Decke.

Gebratene Tauben und Trüffelöl, Jacobsmuscheln und Flusskrebse stehen auf der
Karte. Hier wird flambiert, tranchiert, de-
cantiert und gerne À-la-Carte aber auch
menüweise serviert. Wer ebenso gut, aber
bodenständiger essen möchte, findet im
„Schlossrestaurant von Blücher" regional
orientierte Gerichte, vor allem von frischen
Fischen aus der wasserreichen Umgebung.
Highlight des Hauses aber ist das thailändische Restaurant „Sukhotai". Vier thailändische Köche stehen im Gastraum abwechselnd am Wok. Sie stammen aus
Spezialitäten-Restaurants und Luxus-Hotels
in Bangkok. Ebenso die zauberhaften
Wesen, ehemalige Tempeltänzerinnen, die
in ihren traditionellen Kostümen die Gäste
mit angeborener Zuvorkommenheit bedie-
nen. Herr aller Küchen im Haus ist Sönke
Henningsen. Bevor der Schleswig-Holsteiner
nach Mecklenburg kam, kochte er in der
Schweiz, im Schwabenland, in Irland und
zuletzt in Hamburg. Die thailändische
Küche war auch für ihn eine neue Herausforderung. Inzwischen ist er ein versierter
Kenner dieser raffinierten und gesunden

Küche und bietet Thaikochkurse auf Schloss
Teschow an. Köstlich sind vor allem seine
Currygerichte. Zum thailändischen grünen
Curry mit Hühnerfleisch gibt es süßen
Basilikum. Viele Zutaten kommen aus dem
Land der aufgehenden Sonne. Die Karte ist
überschaubar, nur auserwählte Gerichte,
wie Hühnerfleisch mit Chili, Austernsoße
und Basilikum oder gedünstetes Filet aus
weißem Wels finden hier Platz. Wie wäre
es zum Abschluss mit einem Kaffee im
lichtdurchfluteten Wintergarten? Über den
Rasen des Golfplatzes schweift der Blick
bis zum glitzernden See.

GANG KION WAN GAI –
THAILÄNDISCHER GRÜNER CURRY
MIT HUHN

800 g Hähnchenbrust,
0,8 l Kokosmilch,
0,8 l Hühnerbrühe,
3 TL Grüner Curry,
4 thailändische Auberginen,
40 g süßer Basilikum,
1 TL Austernsoße,
1/2 TL Fischsoße,
Zucker,
Salz,
große rote Chili,
Zitronenblätter,
Koriander,
120 g Reis,
240 g Wasser

Zubereitung:

2 Teile Wasser aufkochen, 1 Teil Reis
hinzugeben, bedecken, in den auf
180 °C vorgeheizten Ofen geben und
35 Minuten köcheln lassen. Die Häh-
chenbrust in dünne Streifen schneiden, nun die Auberginen achteln und
in Zitronenwasser legen, damit sie
keine Farbe annehmen. Chilischoten
und Zitronenblätter ebenfalls in
Scheiben schneiden, den süßen Basilikum waschen. Den Wok erhitzen und
die Hühnerbrühe hineingeben, reduzieren lassen. Die Kokosmilch hinzugeben und weiter einkochen lassen bis
die Soße leicht sämig wird, nun mit
Austernsoße, Fischsoße, etwas Salz
und Zucker abschmecken. Die geschnittene Hähnchenbrust hinzugeben
und weiter leicht köcheln lassen.
Auberginen, Chilischoten, Zitronenblätter und den gewaschenen Basilikum in die Soße geben, in einer
Schale anrichten und mit einigen
Korianderblättern ausgarnieren.

Domäne Neu-Gaarz

Wer dem Gewimmel zu entfliehen und stattdessen gepflegte Geselligkeit sucht; wer einsam durch menschenleere Weiten wandern und bei seiner Rückkehr ein warmes Plätzchen am Kaminfeuer vorfinden möchte, der reise an diesen Ort inmitten der Mecklenburgischen Schweiz. Das kleine frühklassizistische Schloss, die Domäne Neu Gaarz, ist ein Geheimtipp für Individualisten, vor allem für jene, denen Natur und Kultur gleichermaßen Lebenselixier ist. Die Hausherrin Ull Eisel ist promovierte Philosophin, Ingenieurin, Galeristin und Kochkünstlerin zugleich. Ihr Traum ist es, dieses Haus einmal, ähnlich der Villa Romana in Florenz, ganz und gar den Künsten zu weihen. In der ökologischen Kunst- und Kulturkolonie in spe sollen aus den Ferienwohnungen Arbeits- und Wohnräume für Künstler, aus dem kleinen Radlerhotel ein Workshopinternat und aus der „Redoute", dem großen Festsaal in der ehemaligen Scheune, ein Raum für Präsentation werden. In der „Redoute", auch Konzert- und Theaterspielort, und im Schloss können aber schon heute alle an Ull Eisels Lust, die Welt kunstvoll nach eigenem Bilde zu gestalten, teilhaben. Auch im buchstäblichen Sinn. Viele der zahlreichen Bilder in den zwölf originell und herrlich behaglichen eingerichteten Gästezimmern, im Speisesaal und in der Galerie der Domäne, können gekauft werden, ebenso das eigens in Italien hergestellte Schlossinterieur. Vor allem aber kann man hier herrlich relaxen: in der Bibliothek, vor dem Kamin mit einem edlen Tropfen aus dem hauseigenen Weingewölbe,

Domäne Neu-Gaarz

Dorfstrasse 6
17194 Neu-Gaarz
Telefon und Telefax 03 99 29 - 70 2 55
www.domaene-neu-gaarz.de

Geöffnet:
Immer nach Anfrage

auf der Terrasse mit Blick auf den Weiher im Park oder in der Schwimmhalle. Kulminationspunkt aller Genüsse aber ist das gesellige Tafeln. Ull Eisel ist eine begnadete Küchenmeisterin. Die tagfrische Kräuterforelle, mit Spinat-Feta-Strudel farblich auf den Gründonnerstag abgestimmt, zaubert sie ebenso scheinbar aus dem Hut wie eine deftige Rindsroulade, mit Heu gespickten Karpfen, Lammbraten mit provencialischen Kräutern oder Salzkuchen aus Kartoffeln, Quark, Eiern, Speck und Zwiebeln. Ihre kulinarischen Kreationen sind immer auch ein optisches Vergnügen. Solch ein perfektes gastronomisches Ein-Frau-Unternehmen – vom manchmal täglichen Einkauf bis zum Servieren – ist wohl nur dann möglich, wenn man wie Ull Eisel zum Thema Organisation von Kreativität promoviert hat. Es gibt nichts, was sie nicht kochen könnte.

Grandios ist ihre knochenlose Ente. Doch immer gibt es Menü surprise. Lassen Sie sich überraschen.

NEU GAARZ

GEFÜLLTE KRÄUTERFORELLE MIT SPINAT-FETA-STRUDEL (EIN GRÜNDONNERSTAGGERICHT)

Für 4 Personen

Zutaten:

4 Forellen,
allerlei frische Kräuter
(z.B. Petersilie, Dill, Schnittlauch,
Kerbel, Sauerampfer, Pimpinelle),
4 Blatt Blätterteig,
1 Pfund Blattspinat
(auch junge Brennnessel oder andere
grüne Wildgemüse),
100 g Fetakäse,
1 Ei,
2 EL Sesamkörner,
etwas Senf,
1 Zitrone,
2 EL geriebener Käse,
Salz,
Pfeffer,
Öl,
1 EL Milch

Zubereitung:

Fische innen und außen mit Zitrone beträufeln, innen mit Senf bestreichen und mit den, mit zerkrümeltem Fetakäse vermischten, gehackten Kräutern füllen. Fische mehlieren, durch das geschlagene Ei ziehen, mit gestoßenen Sesamkörnern panieren. Gemüse blanchieren, mit zerkrümelten Fetakäse mischen, Blätterteig zur Hälfte ausrollen, auf eine Seite die Gemüsemischung legen, die zweite Seite diagonal einschneiden, über die Mischung flechten und rundherum andrücken. Mit Milch einstreichen, Sesamkörner und Reibekäse darüberstreuen und bei 180°C 15 Minuten backen. Die Strudel schräg mit dem Elektromesser in etwa 4 cm dicke Streifen schneiden, die Forelle dazulegen, nur mit Feldsalat und Zitrone garnieren.

MECKLENBURG-VORPOMMERN

Die Zahlen in der Karte sind identisch mit den Seitenzahlen der einzelnen Betriebe in diesem Buch und bezeichnen ihre genaue Lage in Mecklenburg-Vorpommern.

Kulinarische Empfehlungen

Restaurant Marstall

VERZEICHNIS DER REZEPTE

KULINARISCHE ENTDECKUNGSREISEN ...

... DURCH DIE
SCHÖNSTEN
REGIONEN
DEUTSCHLANDS

ISBN 3-8295-6321-3

ISBN 3-8295-6402-3

ISBN 3-8295-6404-X

ISBN 3-8295-6409-0

ISBN 3-8295-6410-4

ISBN 3-8295-6412-0

ISBN 3-8295-6411-2

Über weitere Titel aus unserer Reihe
informieren wir Sie gern:

UMSCHAU :

Stuttgarter Straße 18-24
60329 Frankfurt am Main
Telefon 0 69/26 00 551
Telefax 0 69/26 00 559
info@umschau-braus.de
www.umschau-braus.de

IMPRESSUM

Die deutsche Bibliothek – CIP-Einheitsaufnahme
Eine kulinarische Entdeckungsreise durch Mecklenburg-Vorpommern
Hanne Bahra; Erhard Pansegrau
(Hrsg. Katharina Többen) – Frankfurt/Main: Umschau Buchverlag, 2002
ISBN: 3-8295-6413-9

© 2002 Umschau Buchverlag Breidenstein GmbH
Frankfurt am Main

Gestaltung, Satz und Scanarbeiten
Druckvorstufe Dieter Fitzek, Dortmund

Fotos
Erhard Pansegrau, Berlin
Seite 24 o. mit freundlicher Genehmigung durch Frau Grünwald,
Foto-Grünwald in Ludwigslust

Texte
Hanne Bahra, Potsdam

Karte
Elsner & Schichor, Karlsruhe

Herausgeberin
Katharina Többen, Neckargemünd

Druck und Verarbeitung
Passavia Druckservice, Passau

Printed in Germany

ISBN: 3-8295-6413-9